健康福祉人財育成とアジアの地域協力

田中豊治
滝口　真　編著

芦書房

巻頭言

日本の大学数は、現在、国立八六校、公立七七校、私立五九五校、計七五八校であるが、一八歳人口減少、定員割れが全大学の四割になることなどが叫ばれ、大学の置かれた状況はますます深刻化している。ローカルの中小規模私立大学はまさに存亡の危機に直面し、サバイバル戦略・戦術がシビアに練り直しされている。本学もまた例外ではない。

創立七三年を迎えた本永原学園の歴史と伝統は、言うまでもなく「健康」「栄養」「福祉」「スポーツ」「リハビリ」「子ども」「心理」「看護」などに関するスペシャリスト人材育成にあった。この大学資源の実績を踏まえ、さらに「現代という時代ニーズ」と「地域社会への寄与貢献」という新しい要請に適応できなければならない。我々はいかなる時代、社会においても変動する環境への適合能力が常に求められているのである。

現代地域社会における諸課題とは、例えば、人口減少問題、少子化・高齢化問題であり、それは同時に地方都市の過疎化・衰退化・空洞化問題を意味し、延いては合併や統合問題へと繋がっている。これらの課題解決法のひとつが、「外国人パワー」（労働者・留学生・観光客など）の有効活用による「地域社会（地域経済経営）の活性化」であり、かつ「大学（学生）の活性化」なのである。

さて、本書は、二〇一六～二〇一七年度「ワンアジア財団の寄附による公開授業―グローバルコミュニティ論（アジア）：アジア共同体創成―」に関する活動の成果物のひとつである。この企画は、学術交流協定校である中国安徽三聯学院の金哲副学長より交流締結を機に、財団への御推薦をいただき採択されたものである。この二年間の様々な国際的活動経験の積み重ねにより、「国際シンポジウムやアジアフォーラムの日常化」が浸透し、「教育のグローバル化」が進化してきたように思われる。もちろん「学生、教職員、大学全体のグローバル化」はまだまだ緒に就いたばかりである。それでもなお「時代と地域社会のニーズ」はグローバル化を求め、本学としてもうまく適応できなければやがて消滅・再編されるだけであると実感している。今回の出版活動を通して、関係各位が「二一世紀・アジア的視点」から本学の在り方を位置づけ、見詰め直し、「新たな一〇〇年ビジョン」に向けた胎動へのきっかけにしてくれることを切に期待している。

二〇二〇年一一月一二日

永原学園理事長・前西九州大学学長

福元裕二

はじめに

「グローバルコミュニティ論（アジア）」という公開講座は、二〇一六～一七年という二年間の期間限定開講であった。振り返りとしていえば、最も力を入れたプログラムは、やはり「アジア若者フォーラム」と「国際シンポジウム」の開催であった。

「第一回アジア若者フォーラム」の実施過程で辿り着いた合言葉が、「我々は明日のルフィである」というコンセプトであった。「ルフィ」とは、ご存知のように尾田栄一郎氏の人気漫画『ＯＮＥ ＰＩＥＣＥ』の主人公で、冒険王、挑戦者であり、夢と希望とロマンに満ち溢れた若者のシンボルである。その「新たなるアジアのルフィ像」を求めて、中国、韓国、台湾、タイ、ベトナムの若者一〇人（各大学から二人）を招待し、二〇一六年一一月二六日、佐賀市文化会館において、国家・国境・民族・宗教・言語などあらゆる垣根を越えて熱い自由討論を展開した。

このような企画立案の背景には、次のような理由と認識があった。我々が所属している健康福祉学部社会福祉学科「国際地域コース」の教育理念は、「ローカルに拠点を置きつつ、グローバルな発想力と行動力と情報発信力を持つアジア人財づくり」に取り組み、将来はもっとたくさんの留学生が集う「国際交流学園づくり」を目指すという目的である。これを受けて、「ＳＡＧＡとアジアをつなぐ国際交流再発見―国境を越えるＳＡＧＡ・ＤＮＡ―」というテーマを設定し、弥生時代から明治維新さらに現代まで、常に〝国際的フロントランナー〟であり続けた佐賀人のルーツを探り、現状を鑑み、未来への可能性を論考していきたいとの考え方があった。

フォーラムは、本学に学ぶ外国人留学生、西九州大学生、県内高校生、および一般市民などに自主的参加を呼びかけた。ここに集合した約四〇〇人の参加者が、異文化・他文化・多文化を越えてミングリング（融合する、混じり合う）し、国際交流と国際体験を深め、相互啓発し、それぞれが「アジア」や「グローバル」と出会っていただきたいと願っていた。「さて、あなたはＳＡＧＡの窓からどんな世界が見えますか？」という問い掛けからフォーラムは始まり、そして「自分なりのルフィ像を見つけに旅に出る」というストーリーであった。

また「第一回国際シンポジウム」は、「アジアの時代における健康福祉プロフェッショナル人財育成―日本型福祉モデルからアジア型福祉モデルへの展望：西九州大学はいかに取り組むのか―」という統一テーマで、「アジア地域社会が抱えている健康福祉の共通課題を探り、その現状分析―原因究明―改善提案―行動計画について検討し、さらに「アジアスタンダードモデル化」に取り組みたい」という狙いがあった。とりわけ日本の健康福祉分野の第一人者である炭谷茂先生（恩賜財団済生会理事長・元環境省事務次官）による「アジア高齢社会における地域福祉のまちづくり・ひとづくり」の講演は、極めて印象的で大変示唆に富んだお話であった。超多忙な中わざわざの来賀は大変ありがたく誠に光栄で感謝に堪えない。併せてシンポジストの方々も、福岡資麿氏（衆議院議員）、日野稔邦氏（佐賀県健康福祉部）、趙文基氏（スンシルサイバー大学高齢者福祉学科長）、冨永健司氏（社会福祉法人九州キリスト教社会福祉事業団理事長）、岩本昌樹氏（社会福祉法人くだまつ平成会法人本部長）、滝口真氏（西九州大学社会福祉学科長）、コーディネーターは富吉賢太郎氏（佐賀新聞社専務取締役・編集主幹）など、多士済々の最先端プロフェッショナルたちからの貴重なご提言をいただいた。

二年目は、このような後光効果を持続することがとても困難であった。ハイテンションをキープしたまま、次に何をどうするか、とにかく精一杯の日々であった。敢えてその特色を三つ挙げると、これまでの通常の学内外、国内外の講師陣招聘による講義に加えて、（1）大学祭での「高大連携フォーラム」、（2）中国・廈門での「第二回アジア若者フォーラム」、それから（3）「第二回国際シンポジウム」の開催であった。これらの事業はいずれも多くの方々の参加と協力なしには実行できなかった。ただただ感謝に堪えない。

（1）二〇一七年一〇月二八日、「アジア若者フォーラム」の一環として、本学大学祭のイベント事業のひとつと位置づけ、「高大連携フォーラム」を開催した。当日は、「大学祭」で学生も多忙であったが、「オープンキャンパス」の実施時期でもあった。このタイミングに合わせて、来学した高校生を対象に、本学の国際交流と国際教育の特色を紹介し、外国人留学生と日本人学生と高校生を集めて異文化交流体験させるワールドカフェ形式ワークショップを学生主体で企画立案運営した。

テーマは、「ＳＡＧＡとアジアをつなぐ国際交流―国境を越えるＳＡＧＡ・ＤＮＡ―」であった。開催目的は、「次代を担うアジアの若者（本学に学ぶ外国人留学生＋西九大生＋県内高校生）がコラボし、既にＳＡＧＡにある国際的資源を見直し、その魅力に現代的価値を付加し、さらにこれからの「新しい国際交流学園づくり」と「グローカル人財づくり」に取り組んでいきます」と宣言することであった。

具体的プログラムとしては、第一部は「SAGAの国際的魅力とは何か」について、社会福祉学科「国際地域コース」の立場から、大学院生（博士課程・佐賀市職員）の立場から、交換留学生の立場から、正規留学生の立場から、大学院生（修士課程）の立場から、研究生の立場からなど、それぞれの視点から「SAGAの魅力」を話題提供し、再認識、再発見を通して、そこに新しい国際的・現代的・若者的価値を付与していこうという企図であった。

ワークショップは、「SAGAらしさの魅力を見つけよう！」というテーマで、ワールドカフェ形式で実施された。このセッションでは、議論をより活性化するために、「アジアンカフェ」（国際交流カフェ）と称して、エスニック・スナック&お茶（ジャスミンティーやベトナムコーヒー）も振る舞われた。
（2）一一月三日、中国・廈門理工学院において、①「第二回アジア若者フォーラムinアモイ」と、②「第一回佐賀・神埼地域物産フェアinアモイ」を実施した。この目的は、「ヒト・カネ・モノ・情報・技術・文化などのグローバル化・ワンワールド化は、今や歴史・時代の大きな変化と流れである。佐賀・神埼もまた地域活性化のためには、「アジア―九州・SAGA」といったより大きな枠組みへの発想転換と実行力が求められている。本事業では、佐賀地域全体の活性化のためのトライアルとして、西九州大学・神埼地区日中友好協会・神埼市・地元企業（神埼そうめん組合）などが、神埼地域の産官学民の英知を結集し、廈門理工学院を表敬訪問、同学院内において、「第二回アジア若者フォーラムinアモイ」と「佐賀・神埼地域物産フェアinアモイ」を開催した。そして「国際交流都市としての佐賀・神埼の新しい国際的魅力を情報発信し、これからのアジア戦略につなげる。」という狙いであった。日本側からの参加者は、神埼市役所から副市長と二人の職員、神埼地区日中友好協会会長・事務長ら六人、神埼そうめん組合理事一人、廈門からの留学生など総勢二二人であった。

「アジア若者フォーラム」のテーマは、「グローバル時代に生きる—国境を越える若者たち：私とアジアとの出会い—」であった。アモイの会場では、朱文章学長のご挨拶、孔遠出井婷廈門市交流協会副会長のご祝辞に始まり、両大学の学生中心にプレゼンと意見交換が行われた。また「神崎地域物産フェア」では、神埼そうめん組合から無料提供されたそうめん三〇kg、うどん一〇kg、麺つゆなど、神埼市から菱焼酎や団扇、西九大からひしぼうろ二〇〇個などが提供され、百年庵の井上製麺所社長の調理により、「冷やしそうめん」と「カレーうどん」が試食に供された。約三〇〇人分が用意されたが、お客様は行列をなし、「美味しい」「ハオチ」と大好評、大盛況であった。

後日談になるが、その訪中の「返礼」として、今度は二〇一八年二月二六〜二七日、三五人のアモイ勢が本学と神埼市を訪問することになった。目的は、大学交流はもちろんであるが、本場百年庵のうどん、割烹料亭でのそうめん懐石などを食べたいということであった。その後、井上製麺は、中国市場への新規販路拡大を目指し、新商品開発（高級そうめんセットなど）に取り組んでいる。最初の小さな交流の輪がだんだん大きな波紋となりつつあることを実感している。これから交流の継続的発展をどう企画していくかが切実に問われている。

（3）第一三・一四回合同授業として「第二回国際シンポジウム」を開催した。二〇一八年のシンポジウムは、二〇一七年の延長線上で、二年間の様々な取り組みや仕事の集大成事業である。統一テーマは「新しい国際協働教育システムの構築を求めて」と題し、とりわけ「ダブル・デグリー・プログラム（DDP: Double Degree Program＝二重学位取得プログラム）」の目的・対象・方法・効果など、その可能性と条件について議論した。立命館大学国際関係学部長である君島東彦先生による基調講演を共通課題とし、タイのブラパー大学、ベトナムのハノイ大学、中国の安徽三聯学院などから、各大学の取り組み状況について熱く語っていただいた。

「目的」について参加呼びかけのチラシには次のように書かれている。開催趣旨は、「西九州大学は、創立七〇年、これまで主として西日本地域の健康福祉プロフェッショナル人財育成に取り組んできました。今日、アジア圏域全体の高齢化社会を迎え、「アジアから佐賀へ、佐賀から世界へ」と、新しい時代のネクストステージで活躍する「グローカル人財づくり」と「国際交流学園づくり」に積極的に取り組んでいます。」と。

さらに「アジアの若者は、今あらゆる障壁を乗り越えて、「アジア人」として、また「グローカル人財」としての価値観とライフスタイルを身につけつつあります。そのような意識や行動を育成する「国際協働教育プログラム」の在り方について議論する場と機会が、本シンポジウムです。日本で最初にJDP（Joint Degree Program＝共同学位取得プログラム）に積極果敢に挑戦されている立命館大学の君島国際関係学部長を基調講演に、さらにタイ、ベトナム、中国からシンポジストをお迎えしています。このような課題に興味関心のあられる方々のご来場を心よりお待ちしています。」とある。

このような二年間の取り組みが、徐々にではあれ本学のグローバル化へのベクトルにシフトしつつあるように感じられる。それは確かに感じられるが、しかし実感はまだない。この実感の裏付けには、個人レベルから組織集団レベルへのレベルアップが、つまり「国際協働教育システム化の確立」が必要である。今後の課題として、まずは①正規留学生を増やすこと、②その増やすための制度設計（DDPなど）に大至急取り組むこと、③留学生を受け入れる教育研究生活環境をきちんと整備すること、などが求められている。

本公開授業への取り組みを、温かく見守りご支援して下さった福元裕二理事長、向井常博前学長に衷心より謝辞を申し上げたい。もとより大きな仕事を成し遂げたという達成感や充実感はまだないが、ここではこれまでにご協力いただいた先生方、学生諸君、市民の方々に対し、改めて重ねて感謝と御礼を心より申し上げたい。

さらに一番期待していることは、受講生の中から一人でも多くの海外留学希望者が出ることである。「感想文ノート」や「アンケート調査」を見ても、「Q3　あなたは海外留学の希望がありますか」という設問に対し、「①とてもある（三二%）」と「②どちらかといえばある（三二%）」を合計すると、六四%で、「前向きになった」「自由になるためにぜひ留学したい」という学生や意見が増えている。我々としては今後こうした「モチベーションの強化活動」に取り組んでいかねばならない。

最後に、筆者にとって、二〇一六～七年、ワンアジア財団（現・ユーラシア財団ｆｒｏｍ Ａｓｉａ）

からいただいた補助金のお蔭で、市民講座、国際シンポジウム、海外研修セミナー、アジア若者フォーラムなど、実にたくさんの国際交流チャンスづくりに取り組むことができた。「本書」も「報告書」（二冊）も、その小さな細やかな成果物に過ぎない。財団が掲げる「アジアコミュニティ」という壮大なビジョンには遥か遠く及ばないが、いろいろなヒントやアイディアを学習、体験、交換、吸収することができた。何よりもそれ以上に、たくさんの留学生、日本人学生、一般市民の方々など素晴らしい「アジア人財たち」と出会い、信頼と親交を深めることができた。我々からの恩返しは取るに足らないが、同じベクトルを目指しているということを誓約し深い謝辞に代えたい。

なおどうしてもお詫びしなければならないことがある。一つは本書の発行が当初予定より大幅に遅れ、関係者の皆様に多大なご迷惑をお掛けしたこと、また本文は、講演していただいたテープを起こし、口語体から文語体に書き換えたりしたため、必ずしも文体が統一・整合されておらず、読みづらい表現となっていることも重ねてお詫びしたい。すべては私の責任であり衷心よりお詫び申し上げる。加えて、もともと共編者のひとりであった酒井出先生が、二〇一八年三月二二日、急逝され、本当に残念無念、痛恨の極みであった。ただただご冥福をお祈りし、本書を捧げたい。

それから「表紙デザイン」は、本学の大坪康隆さんが日常業務の合間を縫って、全力で描いてくれた最高傑作である。その画像のコンセプトは、アジアの色々なカラーを持った若者が各国から集合し、出遭い、力を合わせて、自分たち共通の夢を追求し昇華していくという構図である。これは「われわれはあしたのルフィである」というスローガンそのものであり、〝真っ白な太陽〟や〝光の珠〟はまさにワンピースそのものである。アジアコミュニティのビジョンもまたそこにある。アジアの人々が、太陽が燃え尽きる前に、「グローカルなアジア市民」として、どんな素晴らしい「未知のコミュニティ」を創造し、どのような「キラキラ光る輝き」を発するかは、次代を担う人々の自由と選択に任されている。大坪さんはわれわれのミッションを見事に描き切ってくれた。ただただ感謝あるのみである。

二〇二〇年一一月一〇日

健康福祉学部社会福祉学科教授、国際交流センター長

田中豊治

もくじ

第1章　地方創生時代における地域と大学

―新しい市民協働のまちづくり―

1　神埼市をめぐる環境状況の変化

私がここで申し上げたいことは、地元大学である西九州大学と今後ますます連携をとってまちづくりを推進していくことが極めて必要であること、それは、理論的にどうだこうだではなく、そうしなければならない社会情勢があるということです。既に神埼市と西九州大学との間ではいろいろな形で連携させていただいているという事実から、私どもがお願いをし、相談をするばかりでは失礼だと思い、この講演依頼をお引き受けした次第です。

私は、今日、皆さんにお話できるような学術的・理論的なことを学んだことはありません。しかし私が今やっている仕事の中身を皆さんにお話し、紹介することによって何らかの形で、皆さんがヒントを摑み出したり、またヒントを得てくれたら、それが最高かなと思い、とにかく最後まで一生懸命頑張りたいと思います。

まず神埼市の概況ですが、地図的には佐賀県にあり、県都佐賀市に隣接しています。二〇〇六年に合併して、隣は福岡県に接し、山間部から山麓部へ、さらに平坦な筑紫平野へと繋がり、一番南は筑後川水域に広がっています。

合併後の人口は、ここ一〇年間に一七九四人減少しましたが、しかし逆に世帯数では七二六戸増えています。人口減少は、全国的傾向ですからやむを得ないし、当然神埼市も同様に減っています。しかし世帯数は逆に増えています。この現象を皆さんはどう読みますか。

「地域活性化」「地域創造」といわれる中、人口はますます減るけれども、減らないように努力していかなければなりません。このような中、世帯数が増えるということは、核家族化が進んでいるということです。もちろん、結婚して親夫婦と一緒に住んでいる家族もあります。例えば、神埼市内で四世代一緒に住んでいる家族は、三年前の調査で一一九世帯ありました。四世代住むとなれば、八五歳以上くらいの高齢者が家にいることになります。もちろん三世代はそれ以上います。しかし、そういう中で核家族世帯と単身世帯がとりわけ多くなっているということです。こういう事実をぜひ知ってもらいたいのです。

それと「出生数と死亡者数」を見ると、だいたい平均一〇〇人ぐらい毎年生まれてくる人より亡くなっていく人が多い。これは「多死化社会現象」で、それゆえ人口は自然減少していくことになります。それでも一〇〇歳以上の長寿者は、ここ一〇年間平均二三人おり、一番多いときで三一人、少ないときは一二人でした。直近ではなんと三九人の方が一〇〇歳以上です。その中の三分の一は、自分の家で生活されています。三分の一は施設に入り、車椅子や少し介護を受けながら生活されている。後の三分の一は、寝て過ごしている方たちで全部で三九人いらっしゃるということです。

このような人口減少、少子高齢化、財政硬直化、地方都市の過疎化といった厳しい環境状況の変化に対応するため、私たちは市町村合併に踏み切りました。しかしその合併後の現在はどのようになったでしょうか。まず財政的視点から経常収支比率について考えてみましょう。経常収支の支出とは絶対支払わなければならないお金で、自分が自由に使えるお金がどの程度なのかも見ることができます。経常収支比率が九八・七％ということは、例えば、自分が一〇〇円持っていたら、一円三〇銭だけが自由に使えるということです。しかし後のお金は全部きちっと出さなければならない。光熱費とか、水道費とか、食費とか、出さなければならないお金が九八・七％を占めているということです。それだけ非常に厳しい硬直した財政であったというのが合併当時でした。

それが今日、一〇年して八九・六％となった。つまりこれは一〇円四〇銭だけ自由に使えるということになる。「よくなったのか」といえば少しだが確かによくなった。しかし、その年その年の予算の立て方によって、若干ブレが出てくるのでそのまま、鵜呑みにするわけにいきません。

合併当時、地方債と基金残高としては一七六億円近いお金を借りており、その時持っていた貯金は一〇億円ほどでした。それが今日、一〇年後の借金は一五二億円、貯金が五五億円という数字になった。これは市民の方々が我慢してくれた結果です。市民の方が「あれもして、これもして、これもやりたい」と、いろいろ言われてきたが、「それはちょっと待って」と年々お願いをしてやりくりをしてきた結果として残ったのです。しかし、国の借金は今、一〇四九兆三六六一億円という膨大な額です。それは国民一人当たり八二六万円の借金になります。また佐賀県の借金は七三〇〇億円、県民一人当たり八八万円。したがって、神埼市民は、国民として、県民として、市民として、すべての借金を足すと一人当たり合計九八〇万円の借金をしていることになります。これは、赤ちゃんからお年寄りまでみんなが負っている借金です。

このことを私は今一番心配しています。「じゃ、どうするんだ」ということで、私なりに市長としてできることを考え対応策を打っているところです。

2 地域社会の活性化

(1) 地域活性化の三つの視点

これからの「地域活性化」は、次の三つの視点で考えるべきと考えます。

一つは、「経済的活性化」で、これは、どんどん所得や利益を上げていくということ、お金が入れば人は頑張るし、喜び満足するという視点です。

二つは、でも人が生きていくのは必ずしもお金のためだけじゃないよという視点。「人はお金をくれたから喜んでいわれたことをするものじゃない。私はお金は要らない。お金の問題じゃない」、こういう「人間の心、精神的・価値的な活性化」が大事であるという視点です。

三つは、これら二つが合体した視点で、「利益も十分に上がりかつ精神的満足感も高いまちづくり事業」によって活性化していくという視点です。

この中では、私は特に三つ目の合体・融合・統合した「ブランディング型活性化」が望ましいと考えています。「ブランディング」とはいろいろな地域資源の素材に付加価値をつけて高品質化し、ブランド化していくことです。この立場は私のあらゆるまちづくり政策の基本原則ですのでもう少し説明したいと思います。

最近の国の地方創生事業は、私たちに「自己責任」でやりなさいと言っているのです。国はこれまでどちらかといえば、全国的・平均的・画一的まちづくりを提唱してきました。その結果、どこかのまちの駅に行っても、みな似ているような駅ばかり、駅前広場もほとんど同じ。しかし、今はそうではない。「個性と特性を持った独自のまちづくり」をやってくださいという方向になっています。「そのまちに合った特徴のあるもの」を自分たちの発想と責任を持ってやりなさいということです。

これが、地方分権と地方創生の方針です。ここで考えなければならないのは、私たちはそういったことについてしっかり考え、そして言えるのかということ、私たちはまちづくりの理念・目的・目標を的確に考えて取り組まねばならないということです。今までやってきたことをしっかり振り返り、自省し、そして自分から学ばなければならないのです。学んだ上で、今から何をやりたいのかについて考える。それでもなお、考えても考えても自分一人の力だけでは何もできないものです。そこで周辺の人、専門の方たちがそれにいかに賛同し、同調してくれるかということが大切になるのです。とりわけその分野のプロフェッショナルが、「なるほどそうだね」って言ってもらえるような発想が大事になります。

ここで、私は知性の集積というか、知的探求者の集団である研究所や大学といった専門家と連携をとらなければ、既に自治体間競争は難しくなっているのではないかと思っています。しかしこれは単に隣のまちに勝つために、競争のために連携するのではありません。「自分のまちをもっといいまちにしようじゃないか、活性化のある元気なまちにしようよ」という思いから、当然そういった知識、知恵、技術、体験などを学ばせてもらい、また教えてもらうということなのです。大学資源が持っている知的財産をうまくもらいながら、連携や協調や協働という言葉で「融合」していくという考え方です。

大きくまとめて言えば、①経済的活動、②精神的活動、そして③それらを融合した非常に質の高い、質の深い、もっとより高度なものを求めようとしている「ブランディング活動」によって活性化していくという視点なのです。

(2)「ブランディング活動」による地域活性化

「ブランディング活動」とは、一定の理論を持ちながら、地域現場で取り組んできた実践活動を、さらに大学や専門家と一緒に行うということです。また学生や若い人とも協力して取り組んでいきたいと思っています。学生とのこうした連携がなかったときは、学内や教室で先生の講義を聴いて勉強するだけでした。しかし、現実社会はもうそういうことをやっている場ではない。もっとドラスティック、ドラマティックに変化、変動しています。「現場がどうなっているのか」ということ、現場とともに講義の中身を検証する必要があるのではないか、「学びながら現場でどうやったらいいか」ということを真剣に考える必要があります。知識として与えてもらうのではなく、自らそれを知恵として育てていく、自分の頭の中に入れていく、そしてそれを自分の周辺の職場で生かしていく、そういうふうに今はなっているのではないでしょうか。

もちろん経済活動という視点からお金につながらないとしない人がいます。ビジネスにつなげると、少しいやらしいところもあるのですが、地域には経済的利益が必要です。経済的利益が上がるものを当然考えながら行っていかないと、奉仕だけで経済的効果が出てこないものは長続きしません。ボランティアだけでは絶対できないものなのです。

また、経済的側面とともに、相手が精神的に充足するもの、自分自身の心が満たされるものが求められます。とくにこれからの超高齢社会では、経済的力に加え精神的な働きを重視した活動を活性化する社会づくりが必要なのです。

3　神埼市の地域資源とまちづくり

(1)　歴史遺産の有効活用

神埼市は歴史や文化遺産に非常に富んだまちです。そういう「地域遺産を生かしたまちづくり政策」

が必要です。

神埼市の歴史を見ると、石器時代、縄文時代の遺跡がたくさん発掘されています。弥生時代は、吉野ヶ里国定歴史公園に代表されます。古墳時代は、大きな石塚が志波屋にあります。古代遺跡としては官道があります。中世のものには山城があります。近世になると長崎街道が通っています。幕末の頃は、佐賀市で明治維新の先進技術を世界遺産にという話がでていますが、神埼にはカノン砲の台場跡があり、鍋島藩の大砲を撃つ練習所が日の隈にありました。また姉川城が国の史跡の指定を受けています。さらに、古賀銀行跡、仁比山の九年庵、そうめん、千代田の高志地区に伝わっている鷺流狂言など、たくさんの地域歴史遺産に恵まれています。

このように神埼市の歴史遺産は、文化財、偉人、石造物、民俗と極めて豊富です。これらは「私たちの宝物」です。地域活性化を図るときに、新たに「宝探し」をする必要はないのです。もう既に宝物は探し出されています。後は「これらにどんな付加価値をつけ、どう活用するのか」というのが今からの課題です。市では「神埼塾」をつくり、過去の遺跡、歴史、文化、人物などの学修を勧めています。そして、これらの学んだことを人びとに話し伝える「学芸員」を養成し、現在一〇〇人を超えています。

「地域歴史遺産を活用する」ことは、行政のみでできるものではありません。地域から盛り上がってきたことを、行政が一緒になって手助けしながら共に行う「市民協働」が大切になります。市民協働を行うためには、知的にも学問的にも質の高いものが求められます。地域活性化にはどうしても大学の皆さんの高度な知識、考え方、発想が必要になります。大学が持っている知恵・知識を私たちはいただきながらまちづくりを進めていかなければなりません。

「市民協働」は、住民一人ひとりの意欲がないと、行政だけで行おうとしてもできません。皆さん一人ひとりの市民協働への対応の仕方、姿勢がこれからの地域活性化の鍵となります。私は、これだけいろんな歴史遺産があることから、神埼市で「日本史が学べるまちをつくろう」と提言しています。皆さんが日本史を学んだ教科書には、「中央から地方を見た日本史」しか書かれていなかったのではないでしょうか。私は、「地方から中央を見る日本史」を学ぶことを唱えています。他所から来られた方が、神埼での日本史の学び方を知って、自分のところはどうなっているかと考えていただけるような日本史の学び方を提唱しているのです。

(2) アジア・韓国からみた神埼のまちづくり

吉野ヶ里歴史公園から七〇〇メートルほど西側に「鰐神社」があり、ここに「王仁天満宮」という石の祠があります。この王仁天満宮がなぜここにあるのかは、私たちも、地元の方も、よく知りません。しかし、江戸時代にこれが造りかえられていることは間違いありません。では、この王仁博士がどのような人物かというと、「韓国の百済から応神天皇が招聘してこちらに来てもらい、日本に漢字(千字文)または論語一〇巻を携えてきた」と日本書紀や古事記に載っています。どこに上陸したかは書かれていません。しかし、今の祠があるということで、ここに関係があるのではないかと私は確信しています。

王仁博士は韓国の一番南の全羅南道の霊岩というところで生まれています。そして、五島列島を通り、島原から神埼にという渡来ルートを考えることができます。実はこのことについて、二〇一二年八月に私どもが神埼市の観光資源開発をテーマに公開講座を開催した時、韓国の全羅南道大学名誉教授の朴光淳教授がこういうルートで相違ないだろうという話をしてくださいました。ですから、私は神埼が文字伝達の上陸地だと思っています。そこで、この王仁博士の伝説をもって、市は観光開発を行おうと思っています。

この竹原という地域に王仁顕彰の公園をつくりたい。ここに特徴を持たせるため、「百済の門」という百済時代につくられた門と同じ本物の門を造ろうと考えました。韓国の霊岩郡に造ってもらえないかという交渉をしたら向こうで造っていただけるということになりました。

もう一つ「千字文」という話があります。一〇〇〇の文字を筆で一人ひとりに書いていただき、それを陶板で焼き物にして掲示するのです。自分の名前を表記して、どなたが書いたかを分かるようにします。「あら、うちのおじさんが書いている」、「親戚の人が書いているよ」などと、末代まで残るようにしたいのです。そうすると、皆がここに見に来るようになります。大きな話をすれば、王仁博士は応神天皇の皇太子様に勉強を教えるわけですから、よかったら皇太子様や秋篠宮様にも書いていただきたいと思っています。文科大臣や内閣総理大臣にも書いていただければといろいろな構想を描いています。

当然ながら「王仁博士顕彰」をやろうじゃないかと竹原地域住民は今熱く燃えています。アイディアはいろいろ出ています。現段階で、ＪＲ九州ウオークと組んで人がいっぱい来てくれるようになりました。住民にはおもてなしをしていただいています。そのおもてなしをするときに、先述した「経済的活性化」と「精神的活性化」とを融合して「ブランディング活性化」をしているといえるのではないでしょうか。

住民は、おもてなしとして安納芋を自分たちの畑に植え、石焼き芋にして売るようになりました。これが非常に好評ということで、芋からいろいろな企画商品（料理やグッズ）を一生懸命つくっている。そしてこれがお金につながっています。さらに韓国からおいでいただいた方々と地元住民が交流し、子どもたちも歓迎されてますます多くの人びとが出会っています。こういう姿が、国際交流、市民外交といえるのではないでしょうか。

(3)「ヒシの実」による地域活性化

次に自然の恵みを使って地域連携をする方法についてです。水生植物の「ヒシ」をご存じですか。西九州大学の学生にも、ヒシの実を実際にハンギーに乗って採る体験をしてもらったことがあります。私たちはこのヒシを使って「焼酎」を造りました。二〇〇九年、最初一〇〇キログラムのヒシを採って二〇リットルの焼酎を造りました。それが始まりで、非常に良かったことから、二〇一〇年は四〇〇キログラム、その後も同じように拡大する形でずっと造ってきました。そうすると、今度はヒシの量が足りなくなってしまいました。クリークだけではなかなか採取できない。そこで田んぼで安定的に原料を採るため、水田でも栽培していただいています。二〇一六年は、焼酎が一九〇〇本製造できました。しかし、市販では、一回買ってもらっても、次に酒屋さんに行ったときにはないという状態です。値段は一本二五〇〇円。これを地域で開発していこうとすると、経済的利益にならないとみんな頑張らない。それで今は組合をつくって製造しています。

ヒシには「殻」があるのですが、事業として焼酎製造を行うとヒシの殻が産業廃棄物になり、処分にお金がかかることになりました。それを何とかできないだろうかと考えました。ヒジは元来薬草で、祖母が煎じて飲ませていたことを思い出しました。そこで西九州大学の安田みどり先生に話を持ちかけました。先生にいろいろと実験して成分を分析していただき、結果として「特許」を取得しました。この特許を得て、まず「ひしぼうろ」を、次に「菱茶」をつくっていただいた。一つ成功したら、次々と広がっていき、このヒシに「美白効果」があるということで、今度は「化粧品づくり」にもチャレンジしています。

ここで言いたいことは、私たちは「さて次は何ができるかな」という、わくわく感を大事にしてきたということです。皆さんが、「自分も何かできないかな」と、自分で考えて提案したことが採用されたら、嬉しいでしょう。ここで一番残念なことは、こういうことを人に話すと「いくらもうかるの?」とすぐに言われることです。何でも初めてやるときには、リスクを覚悟してやらなければできません。リスクは被りたくないが、もうけは得たい、というのは成り立ちません。行政に市民全員がもうかるようなことはできっこない。やはりそれは、やれる人だけ、挑戦する人だけ、チャレンジ精神のある人だけにもたらされるものと考えています。

4　地域連携と住民主体によるまちづくり

このように神埼市と西九州大学との間にはたくさんの連携があります。その連携をどのような施策や方法で、どのように推進するのかをまとめることは簡単ではありません。しかし、今日、国や地方の活性化、地方創生といわれる中で、神埼市も、国が求めている「産官学金労言の連携」を、多種多様な職種や立場の人たちと一緒になって、あらゆるものが連携をしながらまちづくりをすべきと考えています。そういう取り組みをしているところに、いろいろと支援をしていきたいと思っています。私たちは、「まち・ひと・しごと創生戦略ビジョン」というものを立てて仕事をしているのです。

確かに私たちは国からお金をもらうために、そのような計画を立て実行しています。しかし本当は、神埼市民が真に望むことをしっかりとやらなければなりません。地域活性化は、いったい誰が実際の行動をとってくれるのか。真剣に考え、リスクも顧みず積極的に、やる気を強く持って取り組んでくれるかどうかが大きな鍵になると考えています。

地域住民が、ある人の発言に共感し、頑張って一緒にやろう、といった思いを周囲の人に伝えることが大切です。話して、伝えて、そして一人から二人、二人が三人、三人が四人へとその考え方、行動に賛同する人びとが一つに団結しながら、一緒に行動する。そして、実際にやった結果について自分たちが精神的に満足する、充足感を感じる、そういったことを共に味わうことが一番大切だと思います。

そういった感動を味わい体験すると、「自分もやろう、また次もやろう」と、どんどん展開していきます。その「展開過程」が地域活性化なのです。その人たちが生き生きとする姿を外から見ると、「神埼市は何か知らんけど元気よね。みんながやる気があって目が光っているね」となる。つまり地域活性化というのは、「一人ひとりが、誰がそれをやるのか、何をやるのか」を考え、積極的・主体的に取り組んでくれる者がいるかいないかが勝負の分かれ目であると思うのです。

さらに言えば、ただ単にこれはおいしいねとか、これは体にいいよとか、いうだけではいけない。こういうふうにいいんですという「証明書」がないといけないのです。「特許」が「保証書」になります。そういう科学的、学術的、理論的な裏打ち（エビデンス）が求められているのです。そういう「ブランディング（証明書付き）のまち」をつくらなければならないのです。

私もできるだけいろんなことを学びたい、研究したいと考えています。しかし、私一人では何もできません。住民と一緒に自分自身を高めていきたい。ここまで、私が一生懸命考えてきたことを一生懸命話してきました。それをどう受けとめるかは、皆さん一人ひとりの心の持ちようによると思います。話を聞いて、何かを学び、何かのヒントを掴み、「私もやろう」と思ってくださる住民や学生の皆さんが一人でも増えれば幸いです。

（松本茂幸）

第2章　教育のグローバル化と大学のミッション

1　二〇世紀後半の世界の秩序

一九世紀から二〇世紀の前半にかけて、放射性原子核物質ラジウムの発見（キュリー夫人）、時空を統一した相対性理論（アインシュタイン）、原子・原子核など、ミクロな物質の示す波動像と粒子像を統一した量子力学（プランク、シュレディンガー、ハイゼンベルグ）は、自然に対する哲学（理解・認識）のパラダイムの転換となった。

この転換は人々の知的活動を誘発し、人類に今までにない豊かさをもたらすものと思われた。しかし、この時期の国際情勢が第二次世界大戦の終戦直前であったことは人類にとって極めて不幸であった。新しい科学技術の成果がヒロシマ、ナガサキに投下された原子爆弾で始まった。その圧倒的威力は植民地を奪い合う英国、米国、仏国、独国、伊国、日本国の間で争われた侵略戦争を収束させた。侵略戦争による戦争犠牲者は一億一〇〇〇万人と推定されている。二〇世紀の後半は科学技術の急速な進歩・発展がもたらされ、原子力時代と呼ばれるが、その恩恵は必ずしもすべての人々の幸せに貢献するものではなかった。

原子核兵器の恐ろしさを目の当たりにして世界大戦の勝者五大国（米・英・仏・中・ソ連）は、これ以上戦争を続ける愚かさを避け、国際的な平和共存の道を選んだ。国際連合（国連）の創設である。五大国は核兵器を保有し国連決議拒否権を付与された国連の常任理事国として国連の全権を握った。

国連に加盟した独立国家は、アジアとアフリカ地域を中心に増え続け、二〇一六年現在の加盟国は一八〇カ国と国連創立加盟国の四倍以上に増えている。核抑止力に依存する「平和共存」の下で平和は保たれたか、答えは「否」である。独立国家とは、民族固有の宗教、人種、言語、伝統文化などの違いを超えて、確定した国の領域内に居住する国民の自決権が保障された共同体である。米ソ冷戦の間、唯一の違いは資本主義社会と社会主義社会のイデオロギーの違いであった。この違いが、独立諸国の内戦や紛争に際して、米国とソ連を代表とするそれぞれの同盟国（核の傘の下で集団的自衛権を行使する国々）の代理戦争の様相をもたらした。二〇世紀後半から今日まで殺戮による犠牲者は侵略戦争の犠牲者の二倍を超えるという。

二〇世紀、教育のグローバル化が急速に拡がった事情を理解するために一九六四年に遡ってみると、この年国連加盟国は一一五カ国となった。この加盟国の数は、米ソの同盟国を大きく上回るものとなった。増え続けるアジア・アフリカの発展途上にある諸国（発展途上国）は、国民の自決権を国際社会の中で実効あるものにするために、国の未来を託す青少年の教育と人材の育成に加え、国内の天然資源

表２－１　国際連合による世界統治

米ソ冷戦	政治：国連５カ国（米，英，仏，中，ソ連）核抑止力と集団的自衛権
	経済：先進７カ国（米，英，仏，独，伊，日，加）金融政策会議
ソ連崩壊（1991年）～　中国GDP2位（2010年）	
	政治：米国の１極支配
	経済：G7・新興資源国（BRICS）の勃興・発展途上国の躍進
（※）日本の場合	
政府・経済界：戦後の日本は米国の核の傘にまもられ平和と豊かさを享受	
国民：平和憲法と日米安全保障条約の狭間で苦悩と苦労の70年	
自衛隊の発足（1954年）：現在，防衛費世界５位	
日米安全保障条約改定（1960年）	
沖縄返還（1972年）：現在，米軍基地132カ所内沖縄に33カ所集中	
日米原子力協定（1968年，88年改定）：原子力発電経済立国	

の国有化をはじめ、国際社会における経済的自立と対等・平等を求める「新経済秩序樹立に関する宣言」を国連総会において決議した。米ソはそれぞれ友好な途上国を獲得するために戦略的経済援助と軍事援助外交を展開する。同時にこの援助外交が途上国の内戦・紛争を誘発した。

一九七五年、経済先進七カ国Ｇ７が開催された。史上最も発展した科学技術を有する米国を代表とする西側同盟国は、国内総生産（ＧＤＰ）の総和に関して、ソ連を代表とする東側同盟国を圧倒した。情報網の発達は西側の豊かさと東側の貧しさの比較を容易にする。東側の同盟国・友好国においては、自由を求める民主化運動が燃え拡がり、ソ連は崩壊した。

一九九一年、ソ連の崩壊後一〇年の間に戦略的互恵の名のもとに、中国、ロシア、中央アジアの諸国はユーラシア大陸の石油、天然ガスなどの資源の分配を定め、資源輸出の輸送を完成した。科学技術の国際的な展開と相まって、二一世紀に入ると、中国、ロシアの工業化は急速に進んできた。同様に、広大な大陸資源を持って経済的な発展を目指している南米大陸のブラジル、南アジアのインド、アフリカ大陸の南アフリカ共和国は、中国、ロシアと並んで新興ＢＲＩＣＳ諸国と呼ばれ、先進七カ国（Ｇ７）に迫る経済成長を続けている。

2　佐賀大学の国際交流

国際化の波は二〇世紀後半から急速に拡がってきた。国際化を主導したのは、先端的科学技術（情報、ナノ、バイオなど）の開発とその世界的な競争であった。科学技術は本来世界共通の価値観を有するもので、国際化は当然のことであった。

佐賀大学は、二〇〇三年九月に佐賀医科大学と統合の翌年四月、新たな総合大学である国立大学法人佐賀大学として再出発をした。その際、二一世紀の大学はどうあるべきかを考えたとき、大学の国際化が新世紀の主要なキーワードの一つであると結論した。国際化は、増え続けている新興国や途上国の自立のための助成と、それぞれの地域の文化、伝統を尊重することによってはじめて達成できるものである。地域性と国際性を同時に兼ね備えた多様性の高い大学を創ることを新生佐賀大学の目的とした。

増え続ける国々が多くなるほど、経済的な自立と平等をめぐる様々な課題の克服を可能にする大学

表２－２　佐賀大学憲章

佐賀大学は，これまでに培った文，教，経，理，医，農等の諸分野にわたる教育研究を礎にし，豊かな自然あふれる風土や諸国との交流を通して育んできた独自の文化や伝統を背景に，地域と共に未来に向けて発展し続ける大学を目指して，ここに佐賀大学憲章を宣言します。

魅力ある大学	目的をもって活き活きと学び行動する学生中心の大学づくりを進めます
創造と継承	自然と共生するための人類の「知」の創造と継承に努めます
教育扇動大学	高等教育の未来を展望し，社会の発展に尽くします
研究の推進	学術研究の水準を向上させ，佐賀地域独自の研究を世界に発信します
社会貢献	教育と研究の両面から，地域や社会の諸問題の解決に取り組みます
国際貢献	アジアの知的拠点を目指し，国際社会に貢献します
検証と改善	不断の検証と改善に努め，佐賀の大学としての責務を果たします

の役割が期待される時代が始まったと確信している。学問は、国や民族、宗教などの垣根を超えた普遍的な真実を探求するものである。その成果は社会の正しい発展を推進する力を秘めているからである。さらに佐賀大学は、地理的に日本の南西のはずれに位置しているが、アジア地域の諸国との国際交流にあたって絶好の場所に立地している。この立地条件を活かし、佐賀大学憲章に照らし新佐賀大学に相応しい国際交流プログラムを開発した。

（1）　まず学部学生を対象とした一年間の外国人短期留学制度である。日本政府から奨学金（国費）が毎年約三〇人に付与される。私費留学生も含めると毎年三五人以上の留学生が在籍する。このプログラムの目的は、留

表2－3　佐賀大学の国際交流プログラム

学部・修士	短期留学（1年間）プログラム
文系大学院	地域国際共同（アジア共同体創成）プロジェクト
	ツインデグリー・プログラム
修士・博士	特別単位互換プログラム
農学系大学院	鹿児島・佐賀・宮崎・沖縄の四大学連合大学院（修士・博士課程）
理工系大学院	環黄海産学官連携技術会議・日中韓学長総長会議（第1回～第5回）
	デュアル・デグリー・プログラム（DDP）

学生に佐賀大学を紹介し、長期留学への意欲を持ってもらう企画である。

（2）地域国際共同プログラムは、文系の学部・大学院の国際交流の促進のために留学生の確保に奔走してきた。ベトナム国家大学（ハノイ）に佐賀大学の常設センターを設置して定期的な出張講座を開設してきた。両大学の学位が同時に取得できるツイン・デグリー（デュアル・デグリー）プログラムを締結するまでに六年間の月日を費やしている。

（3）大学間のそれぞれの修士・博士課程の必須科目の単位を互いに認める特別単位互換プログラムは、国立大学法人化以前から実施されている。同様に鹿児島大学に設置された、宮崎大学、佐賀大学、沖縄大学を含む四大学の農学系研究科によって構成された鹿児島大学連合大学院農学研究科は修士・博士課程の留学生を募集している。

（4）理工系大学院間の国際的な相互協力プログラムは、佐賀大学と学術協定を結んでいる姉妹大学の大学院生で構成される国際的なセミナーであり、参加終了証書は協定大学院間で有効な証明書となる。
（5）日本、中国、韓国の産業界と理工系大学院の連携を図る環黄海産学官連携技術会議が二〇〇五年から始まり、「学」の部分として日本・中国・韓国の大学総（学）長フォーラムが毎年開催され、二〇〇八年に環黄海日・中・韓デュアル・デグリー・プログラムが設立された。

3 二〇世紀の総括

原子力時代は人間に幸せをもたらしたか？ 経済市場のグローバル化による経済の大競争時代は地球と人類・生物にどのような影響を与えたか？ 一九〇〇年代最後の年の一九九九年六月に世界の科学者がハンガリーの首都ブタペストに集まり世界科学会議を開催した。彼らは総括の結果を「科学と科学的な知識の利用に関する宣言」として公表した。

宣言は、「人類は皆すべての生物とともに同一の惑星の上で生きている。私たちは、この地球上の生態系を維持するために、自然との共生に向かって努力する状況にあるとの認識に達した。科学的知識は、人間への幸せに奉仕し、自然と社会へのより深い理解をすすめ、将来の世代のために地球と人間との間により良い環境を提供するものである」とはじめられる。総括に際して次の観点が必要である。
（1）科学的に考えることとは、様々な観点から問題を吟味して自然現象や社会現象の説明を絶えず批判にさらされながら追及することである。このように科学は批判的で自由な思考に基づい

表２－４　佐賀大学の国際交流プログラム

（科学的知識の成果）	（科学的知識の誤った利用）
寿命増加，医療科学の開発（生命科学）	地球環境の破壊
人口を満たす食糧生産の増加（生命科学）	不平等，貧富・食糧，人口問題
新エネルギーと新素材の開発（原子科学）	大量破壊・殺戮兵器
情報処理技術の爆発的発展（情報科学）	大量生産・大量消費による公害

て成り立っている。科学界は、国、宗教、民族を超え長年の伝統を共有して、ユネスコ憲章が述べているように、「人間が知的で道徳的に団結した」世界である。科学は平和という文化の基礎であり、核軍縮を含む軍備縮小を励ますものである。科学の力を向上するために地域的共同と国際的共同をすること、先進国と発展途上国の間で共同をすること、そして共同に際して伝統と文化の多様性を熟慮することが必要である。

（２）貧困の縮小を含むすべての福祉の充実、人間の尊厳と権利の保障、将来世代へ向けた我々が汚した地球環境の回復などに努めなければならない。新発見と新技術の利用に関する倫理問題を民主的な審議の下で検討するために、各国間の情報網の確立と、検討に際して賛成、反対を公平に扱う合法的な場と手続きを設定することである。

（３）科学者の社会的責任とは、科学の文化的な影響に関する歴史と哲学に関して、科学に対して高潔であり、質の高さの維持、知識の共有、市民とのコミュニケーションを通じて、若い世代を育成する責任を果たすことである。また科学への女性の参画に関して、科学におけるキャリアアップと科学技術の決定への参加、さらに広く社会的に不利な状況に置かれている人々の参加に努めることである。

（4）健康・生命にかかわる不平等な扱いを排除するための教育と科学技術の進歩に応じて、政府と科学者は、関係者と長期間にわたる連携体制を確立して絶えず新たな実施プログラムを作成する責任を果たさねばならない。

4　動乱の二一世紀と日本国憲法

二一世紀に入って、国連安全保障体制（第二次世界大戦戦勝五大国の核抑止戦略）とG7（先進七カ国）の世界金融政策の破綻が明らかになり、戦争と原子力発電（原発）の公害による環境破壊、経済不況と貧困、文化の破壊と難民の増大など様々な不安と不満が全世界を覆っている。中東諸国の内戦の実態は、政府と反政府間の内戦に国連五大国が介入し、さらに内戦で疲弊するなかで生まれた「イスラム国」を掃討するために米国主導の多国籍軍の駐留と空爆が加わった戦争である。内戦どころか中東から北・中央アフリカの諸国にまで展開された実質的に世界的な大戦争となっている。前世紀の植民地を奪い合う大国間の戦争と異なり、文化、宗教の異なる多くの国や民族が大国の支配から自立する、また大国から独立して新たな国を創設する必死の闘いが繰り広げられている。

二〇一五年から一六年にかけてシリアやイラクから欧州に押し寄せた難民は四〇〇万人といわれ、これまでの中東諸国の内戦で被害を受けた難民（国連の難民条約で認定）の総数は一四四〇万人に急増した。第七〇回国連総会においてメインテーマの「イスラム国」の掃討と難民問題が討論されている最中にロシアはシリア介入を強化し、フランスはシリアに空爆をはじめた。このことは国連五大国は難民の加害者であることを些かも認識していないことを表している。この傲慢さは核抑止力によって世界の安全を担っている「大国意識」を剝き出しにしたものである。

G7を超えるG20（二〇カ国・地域財務相・中央銀行総裁会議）ですら、中国の急速な景気減速に際して有効な金融政策を示すことができないままである。物を生産しない金融政策はマネーゲームに過ぎないことが露呈した。世界的な大戦争と不景気は武器輸出と原発輸出を推進する。原発建設事業は、テロ対策などを考慮すると、もはや企業として成立していない。原発大国であった英国も仏国も、中国の関連企業や日本の三菱重工に原発建設への投資を求めているのが現実である。

二〇一六年は、六月に英国のEU離脱を決めた国民投票、そして一一月の次期米国大統領トランプ氏の当選と、第二次世界大戦後の世界の経済と安全を保障する「国際連合の秩序」の崩壊が始まる歴史上の結節点ともいえる年となった。世界各国はトランプ米国大統領の世界戦略が如何なるものか固唾をのんで静観している。日本の安倍総理のみが日米同盟の強化を掲げて世界を右往左往している。日米同盟とは七〇年ほど前に締結した安全保障条約と原子力協定であり、とくに条約は日本国憲法を凌ぐ地位を維持している。世界の経済と安全保障の新たな秩序を求める動乱の二一世紀に過去の同盟など雲散霧消する代物である。日本国内においても、安全保障条約は沖縄の米軍の基地問題として原子力協定は原発不要問題として国民運動の様相を呈してきている。

日本国憲法前文は人類普遍の原理、戦争の惨禍を繰り返さないことと国政における国民主権、を述べ、続いて国際交流・共同に関わる部分について、「日本国民は、恒久の平和を念願し、人間相互の関係を支配する崇高な理想を深く自覚するのであって、平和を愛する諸国民の公正と信義に依頼して、われらの安全と生存を保持しようと決意した。われらは、平和を維持し、専制と隷従、圧迫と偏狭を地上から永遠に除去しようと努めている国際社会において、名誉ある地位を占めたいと思う。われらは、全世界の国民がひとしく恐怖と欠乏から免れ、平和のうちに生存する権利を有することを確認する。」と述べている。日本国憲法は動乱の二一世紀を乗り越える羅針盤であると確信している。

5　二一世紀の大学のミッション

学術・文化の世界は人間が知的で道徳的に団結した世界である。動乱の続く二一世紀において、学術・文化をすすめその継承者を育てる大学の役割は大きい。今こそ、日本は憲法に述べられた国際社会の理想を実現するために、世界のすべての国々と大学間の交流を通じて平和な世界を目指さなければならない。

（1）我が国日本の現状を視ると、英国の総合学術雑誌 Nature が心配し指摘しているように日本の学術の水準は近年きわめて低下している。ここ数年毎年のようにノーベル賞を受賞しているがその成果は過去の業績の積み上げであり、このままでは学術輸出国から学術輸入国になりかねない。学術に対する国家予算の大幅な増加が必須である。

（2）少子高齢化にともなって人口の減少、働き手の供給源不足が不況の大きな原因となっている。海外からの留学生を計画的に増加し、卒業後も日本人と同様に働ける法制化を図るべきである。

（3）日本に居住するすべての国の人々が平和で住みやすい環境を維持するために、ある特定の国との同盟を結ばないことである。

国際交流を通じての世界の学術の発展と国際的労働市場の拡大のために、核兵器禁止と再生可能エネルギーの普及は必須条件である。

（長谷川　照）

第3章　アジアコミュニティづくりのための国際協働教育プログラム

―西九州大学の国際循環型教育システム改革への取り組み―

1　現代日本社会における環境状況の変化

現代日本社会における大きな社会問題として、とくに①人口減少問題、②少子化問題、③超高齢化問題、が挙げられる。

(1)　人口減少問題

二〇一〇年の日本の人口は一億二八〇六万人であるが、「日本の将来推計人口」は二〇五三年には一億人を割り、五〇年後の二〇六五年には三割減の八八〇八万人になると予測されている。さらに一〇〇年後の二一一五年には、もっと減少して半分以下の五〇五六万人になるとも推測されている。

日本では特に一八歳人口が減少しており、国内の学生のみを対象とする大学教育にはおのずから限界がある。今日の大学は国際的競争力が試され、「世界に開かれた大学」として展開し、とりわけ「アジアの大学間での連携協力」をより緊密に推進していかねば生き残れないという状況下にある。人口減少の原因は、例えば、婚姻率の低下、生涯未婚率の上昇、合計特殊出生率の低下、家族機能の喪失と多様化などがあろう。

しかし一方、世界人口は、現在七六億人、二〇三〇年には八六億人、一〇年間で新たに一〇億人が増える。なんと一年間に一億人が毎年増えることになる。二〇五〇年には約一〇〇億人に増加すると見込まれている。これを「世界の地域別人口の推移」で見ると、特にアジアとアフリカが伸びている。アジア地域全体では全人口の約半数五〇億人に増加している。さらに特筆すべきは、「世界人口ランキング」で見ると、二〇五〇年にはインドが中国を追い越し第一位となる。その他、インドネシア、パキスタン、バングラデシュ、フィリピンなどが一〇位以内に入ってくる。

日本人口は二〇一一年には一〇位であったが、さらに一六位まで低下する。特に日本の一八歳人口は、一九九二年の二〇五万人から減少傾向が続き、二〇一八年から再び減少期に入った。二〇一八年の一一八万人は、二〇三四年には一〇〇万人を切り、さらに二〇四〇年には、現在より約二五％少ない八八万人になると推計されている。現在の全国大学の総入学定員は約六〇万人、二〇四〇年度の大学進学者は現在の六二万人より一九％少ない約五一万人に減少するものと算出されている。

しかも「一八歳人口の指数推移」によると、全国平均（八九）に比べ、九州圏内でもとくに佐賀県（八三）と長崎県（八三）の一八歳人口減少が激しく、北部三県（福岡県、佐賀県、長崎県）合わせると約四〇〇〇人も減少すると予測されている。地方大学、とりわけ西九州大学にとってはまさに死活問題であろう。ローカルの小規模大学は、学生集めが厳しく、定員充足率は落ち込み、定員割れ、経営危機から大学倒産の可能性さえあるのである。

(2) 少子化問題

1 現状分析

「婚姻件数及び婚姻率の年次推移」を見ると、「最高の婚姻件数」は一九七二年で一〇九万九九八四組、婚姻率一〇・四であった。しかし二〇一一年には六六万一八九五組とそれまでの最低の婚姻率五・二となり、以後漸減傾向を示している。「年間出生数」は、第一次ベビーブーム期には約二七〇万人、第二次ベビーブーム期には約二〇〇万人であったが、一九八四年には一五〇万人を割り込み、さらに二〇一六年には一〇〇万人を切り、九七万人に減少している。

「合計特殊出生率」をみると、第一次ベビーブーム期には四・三を超えていたが、第二次ベビーブーム期にはほぼ二・一台で推移し、一九八九年に一・五七を記録、二〇〇五年には過去最低である一・二六まで落ち込んだ。合計特殊出生率は、二〇一五年の一・四五が、二〇二四年に下げ止まり、二〇六五年には一・四四になると予測されている。つまり人口を維持する目安とされる二・〇七を下まわる状況は依然として続いている。さらにいえば二〇二〇年には、女性の二人に一人が五〇歳以上となり、出産可能な女性数が減少する。

「生涯未婚率」（五〇歳まで一度も結婚したことのない人）の割合を見ると、二〇一五年に男性の四人に一人（二三・三七％）、女性の七人に一人（一四・〇六％）が結婚しないという「未婚社会」（結婚離れ、一生独身）が出現した。さらに二〇三五年には、男性の三人に一人、女性は五人一人が「生涯未婚」となると予測される。

2　原因解明

まず「所得格差」から「経済的困窮者は結婚できない」という厳しい状況にあるといわれている（「非正規労働者」は約四割で、雇用不安定で結婚をためらう、出会いが少ない、年収、貯金、持ち家が少ないなど）。結果として、生涯未婚となり、子どもの出生率低下につながっていると考えられる。

3　改善対策

「日本政府のこれまでの少子化対策」としては、一九九〇年の「一・五七ショック」を契機に、「今後の子育て支援のための施策の基本的方向について」（エンゼルプラン）や「重点的に推進すべき少子化対策の具体的実施計画について」（新エンゼルプラン）などが策定され、二〇〇三年には「次世代育成支援対策推進法」が制定された。その他、保育の受け皿整備（保育所の待機児童ゼロ）、出産後も女性が仕事を続けやすくする（家庭（子育て）と仕事の両立支援）、婚活、生涯独身、子どもがいない家族、LGBTなど、家族の多様化・複雑化・固生化現象の容認、移民政策の推進などに取り組んでいる。

(3) 超高齢化問題

「六五歳以上人口の割合の推移」を見ると、二〇一〇年段階の諸外国と比較すると、日本が「世界で一番の長寿国」である。次いで第二位ドイツ、第三位イタリア、第五位フランス、第六位イギリスなど、ヨーロッパ諸国が続いている。

「平均寿命」は、二〇一五年の男性八〇・七五歳、女性八六・九八歳まで延び続けている。将来、二〇六五年には男性八四・九五歳、女性九一・三五歳まで生きるようになる。実に日本人女性の三人に一人が六五歳以上になる。二〇六〇年の予測を見ると、高齢者の人口は三九・九%となり、二・五人に一人が六五歳以上、四人に一人が七五歳以上となる。総人口が減少する中で、高齢化率はますます上昇する。これから六五歳以上、七五歳以上の「シニア世代」がますます増加する。しかも「一人暮らし高齢者の動向」を見ると、一九八〇年には男性四・三%、女性一一・二%であったが、二〇一〇年には男性一一・一%、女性二〇・三%、さらに二〇三六年には、男性一六・三%、女性二三・四%となる。

「元気に健康で長生き」という「健康寿命」（健康志向）への関心がますます高まっている。日本政府の「二〇一四年度の高齢社会対策のまとめ」によると、就業・年金制度の改革、健康・介護・医療の推進、社会参加・学習、生活環境の整備、高齢社会に対応した市場の活性化と調査研究の推進、全世代が参画する超高齢社会に対応した基盤構築などに取り組むとしている。

今後、ジェントロジー（老年学）が盛んになり、「アクティブエイジング」（美しく元気に健康に生きること）の技法や理論を学習する高齢者が増加するであろう。そのためのコミュニティ活動、ボランティア活動、生涯学習、生涯現役などに積極的に取り組むチャンスとシステム（ルールとルート）が早急に整備されるべきである。

2 健康福祉人材をめぐる問題状況

（1） アジア社会に共通する課題としての健康福祉問題─「健康長寿社会」への対応─

グローバル社会、とりわけ中国、台湾、韓国、タイ、ベトナムなどのアジア諸国は、共通に解決すべき「健康・長寿・高齢社会問題」（健康・福祉・介護・保健分野の人材不足など）に直面している。日本もまた、日本人材のパワーだけでは足りない。つまり国境を越えてアジア・リージョン（圏域）における健康福祉人材が不足し、その育成と活用が切実かつ必要不可欠となっている。そこで「アジア社会に共通する健康福祉問題」をどう考えるかが問われるようになる。「高齢化に伴う社会問題で各国に共通する課題とは何か」という取り組み状況について、「現状分析─原因解明─課題解決提案─行動変革」といった視点から比較考察し、さらに差異性より共通性を強調し、できるだけ「アジアスタンダード化」を考察していくことが肝要である。そして例えば、「介護職」から「介護福祉士」へ、さらに「より高度な専門介護師」への名称変更や業務独占といった課題を達成していくことが求められる。

（2） アジア圏域全体としての新たなコミュニティ政策の必要性

①地域包括ケア政策の推進

「地域包括ケア政策」として、これからは福祉施設や医療・病院施設などがまちづくりの中心となる。いつでもどこでも誰でも受け入れる地域コミュニティ全体の中での支え合いと助け合い、自立と共生、競争と連携といった課題解決が期待される。

②アジアコミュニティビジョンの確立

「福祉のグローバル化」という流れの中で、ＥＰＡ（Economic Partnership Agreement：経済連携協定）では「看護・介護の労働者」から「専門家」への転換が求められている。そこには、まだまだ言葉（日本語）の壁（コミュニケーション）や専門知識の壁（国家資格取得）があるが、確実に「生活者」「労働者個人」「アジア市民」としての介護現場の受け入れ態勢が整備されつつあるといえる。

3　日本社会における健康福祉問題

（1） 介護人材不足

人口減少による若年労働者不足は年々深刻になっている。ここではとりわけ「団塊世代」に注目してみよう。先述したようにかつて団塊世代（一九四七～一九四九年生まれ）の出生数は約二七〇万人であった。その団塊ジュニア世代は約二〇〇万人、現在（二〇一九年）の出生数は八七万人と約三分の一まで激減している。人的資源として絶対数が足りないことは明白である。七五年という時間の経過を経て、これから団塊世代全員が「後期高齢期」に突入していくことになる。問題は、戦後日本社会の平和と繁栄に寄与貢献してきたこの世代の労に報い、社会全体として最後まできちんと看取ることができるのか、彼らの老後を誰がいったい面倒を見るのか、その社会体制は本当にできているのかといった、いわゆる「二〇二五年問題」に直結する。しかしこの団塊世代は、皮肉にも「親の面倒を見る最後の世代となり、かつ子どもからは見てもらえない最初の世代となる」（炭谷茂）と言われている。

かくして「介護人材不足」は極めて深刻な事態である。現実にはもっとシビアに捉える必要があろう。介護労働は「長時間・低賃金・重労働」などと揶揄され、その現場では介護虐待、介護殺人、介護離職などが起きている。換言すると、「3K労働」（キケン・キタナイ・キツイ）ならぬ「10K労働」（管理者が悪い、給料が安い、休暇が取れない、苦労が多い、経営者が悪い、化粧がのらない、結婚ができない、恋人がいない、腰が痛い等々）とも言われ、職業イメージがますます悪化している。その結果、二〇二五年には全国で約三七万人が、佐賀県でも六〇五人の介護人材不足が発生すると予測されている。

では、このような「介護人材不足」に政府はどのように対応しているのであろうか。政府はもちろん若者に焦点を置き就業を推奨している。その他、女性（主婦層）、高齢者（老老介護）、障がい者、受刑者などをターゲットに職場参加や社会参加を促し、かつ働く環境の条件整備に積極的に取り組んでいる。しかしそれでもなお不足している。

その人材不足を補うのが、「外国人移民政策」である。二〇一九年四月から実施が予定されている技能実習生三四万人のうち最も多いのが「介護福祉士六万人」の受け入れ計画である。この移民政策はいろいろな問題が指摘されているが、要は日本が先進国家として彼らを「奴隷や消耗品や補助者」としてではなく、「労働者や専門家や人間」として受け入れる姿勢があるかどうかの試金石となるであろう。

(2) 介護分野へのIT活用

最近では、外国人介護士の採用と増加の他に、IT活用(介護ロボットの導入)も積極的に取り組まれ始めている。ここで大切なことは、介護の基本である人間と人間の関係性、介護士とクライアントとのリレーションづくり、コミュニケーションやスキンシップなどである。介護ロボットはあくまで人間の代理・代用で、臨時的応急措置に過ぎず、一定の限界がある。本格的に取り組むべき課題は、「若年労働者の介護専門職業人」としての地位向上と人材育成政策である。

今日的課題としていえば、介護福祉職の「量から質への政策転換」が求められる。つまり「人手不足や人材不足から人財確保」へという発想転換である。「人手」や「人材」とは、誰でもできるお手伝いや協力者や補助的要員といった軽いイメージであり、「自己責任」や「決定主体」や「高度な判断能力」といったいわゆる「人財としての高度専門職業人」のイメージまでまだ高められていない。つまり高齢者や障がい者や受刑者(介護二級の資格が取れる)や外国人やロボットなどに安易に期待し依存し過ぎてはならない。むしろもっと「介護福祉職のプロフェッショナル」としての社会的地位向上の確立に優先的に取り組むべきである。つまり介護人材の量的確保や量的拡大だけを急ぐのではなく、もっと堅実な「質的充実」や「質的発展」にこそ取り組むべきであろう。

ここにいう「人手→人材→人財」へという意味は、「プロフェッショナルソーシャルワーカー」というコンセプトへの発展形態ということである。そうなるためには現在の「介護職」を「より高度な専門家」として労働条件や社会的評価や国家的資格制度によって地位確立を図ることが求められる。そうした「社会的魅力」（自信と誇り）を価値付与できなければ、今日の「若者の介護職離れ」を押し止めることはできないであろう。

4 環境状況の変化に対する西九州大学の適合能力

(1) アジア健康福祉人財育成のための国際協働教育プログラム

現代日本の地域社会は、総じて人口減少、少子高齢化、若者の地方離れ、東京一極集中化と地方の衰退・過疎化など、様々な地域課題に直面している。ローカル大学を取り巻く環境状況も、例えば、「二〇二〇年問題」（大学全入時代）、定員割れと大学統廃合（学生定員を減らすか、学部学科を減らすか）、「二〇二五年問題」（国民の三人に一人が六五歳以上になる）、「二〇四〇年問題」（大学生数の二〇％減）など、大きな課題に取り組んでいかねばならない。さらに言えば、若者の都会流出に加え、「福祉離れ」「介護離れ」（3K～10K労働離れ）も止まらないのである。

コンティンジェンシー理論（Contingency model：環境状況適合理論）によると、あらゆる生物は、置かれている環境状況に適確にかつ柔軟に適合できなければいずれ死滅する。自ら変わらなければ、消滅、統合、合併されるだけである。変化への適合能力が問われている。人間もまた環境状況の変化に合わせて自己変革・自己変容し、「新しい目的・目標」を設定し直し（方向転換）、「新しい商品価値」を開発、創造していかねばならない。大学もまた時代のニーズや環境変化に適合できなければ生き残れない。逆に大学が活性化すれば、地域社会も活性化するといえるであろう。

本章の文脈でいえば、アジア圏域という国家を越える大学間の海外展開法としての「国際協働教育プログラム」の導入に取り組むかどうかということが問われている。より具体的にいえば、「Cross-border Education」（国境を越える教育）として、例えば、「Double degree（ダブル・ディグリー）program＝ＤＤＰ」などの実現可能性について真剣に検討することである（後述）。とくにこれからの海外留学は、単なる語学留学や体験型研修（ショートステイ）ではなく、ある一定期間、大学や地域で現地の学生と共同生活することに意味がある。

(2) 西九州大学に求められる自己変革能力

西九州大学の最近七年間の留学生数は増加傾向にある。二〇一三年では七人であったが、二〇二〇年には八五人と一〇倍増である。このうち短期大学部に五〇人以上が入学している。さらに交換留学生は一五人のうち一四人が社会福祉学科に、一人が子ども学科に入学している。

しかし一学科だけの受け入れ態勢には限界がある。他学科への拡大という基本方針の転換が必要となっている。それは、七年前に創設された「国際地域コース」という狭い枠内だけでなく、受け入れ先を全学部学科に全面的に開放し、「グローバル化」を容認していくのかどうかという選択肢である。また、確かにアジア社会の人々が求めているものは、「健康・福祉・幸福な人生」であるので、それを支える「グローカル人財」(国際+地域=アジア人財)という、国際社会的ニーズへの対応である。

それは、例えば、西九州大学の学生総数(約二〇〇〇人)の一〇%(二〇〇人)を外国人留学生で補充するかどうかという問いである。また「アジア健康福祉プロフェッショナル人財育成」という大学の新しいビジョンやミッションにどう繋げるかということである。より肝心な中心的問題は、「全学部学科横断的プログラム」(グローカルプログラム、学位プログラムなど)を創出できるかどうかであろう。

西九州大学は、もともと国家資格取得という目的学部を目指しており、あまり留学生対応の一般教育を考えていなかった。それが現在、目的学部としない、つまり必ずしも国家資格受験を目指さない国際教養教育の在り方が求められているのである(「ゼロ免課程」の導入へ)。これは教育方針の一大転換である。それは小手先の改革(reform)ではなく、まさに変革(transformation `change `innovation)であり「発展的進化」(developing evolution)である。なぜならそれは学部学科間の数字合わせではなく、すべての学部学科に跨る「全学的」「将来的」「国際的」変革への取り組みであるからである。

一〇年後生き残るためには、日本人学生を積極的に海外に送り出し、かつ優秀な外国人留学生を意欲的に受け入れていくしかない。「国際化に熱心な大学」というイメージ・ブランドへのチェンジングを図っていくしかない。さらに日本での就職を希望する留学生に対しては、自治体も地元企業も総力を挙げて全面的に支援していく必要がある。

（3）「西九州大学は進化しアジアをめざす」というキャッチフレーズ

キャッチフレーズのポイントは、これまでの「知名度」に加えて、どんな「新しい魅力度」を付加できるかである。今の若者に受け入れられるコンセプトのひとつが、「世界」であり、内向き志向といわれながらも「海外留学」への興味関心は高い。「グローバル」はもはや日常生活の中にあるのだ。コンセプトとして、例えば、次のような言葉が考えられる。

・発展形態として、「西九州地域」から「東アジア地域（圏域）」へ（アジアから佐賀へ、佐賀からアジアへ、アジア人財づくり政策の展開）。

・七二年前の「佐賀栄養専門学院」→四六年前の「佐賀家政大学」→現在およびこれから近未来の「アジアの中の西九州大学」（二四九＝西九＝西九大 in アジア）、「アジアの人々の健康福祉づくりに貢献する大学」）へと進化する大学。

・二〇一五年、西九大は「地域大学宣言」し、「大学は地域の中にあって、地域と共にある」ことを確認した。さらに「アジア地域大学宣言」へとつなぐ。

・大学が活性化しなければ、地域社会の活性化は望めず、また地域社会が発展しなければ、地方の大学も生き残れない。このグローバル化時代に、大学も学生も国家・国境を越えた国際交流と人財育成に取り組まなければ生き残れない。

・大学が活性化するために、優秀・有能な外国人留学生を受け入れる。外部からの血や力を借りて、本学の学生や教職員の覚醒化を促す。

・大学の将来像として、「アジア地域」へと発展し、「アジア社会」に寄与貢献する大学づくりを目指す（「西九州大学の一〇〇年ビジョンへの取り組み」として考える）。

・アジア圏域に共通する高齢化社会を支える若者を「健康福祉人財」として、アジア各国の大学と西九州大学が連携協働し育成していこうという「国際循環型教育プログラム」を創造する。

・かつて佐賀は「超国家的人財づくりの教育県」であった。一五〇年前の明治維新時代、佐賀藩・鍋島藩の教育は、「最初から世界を見ていた」「世界から佐賀を考えていた」「世界の中の佐賀を思っていた」。こうした教育DNAを持ち、ここで育った人財が、その時代のフロンティアランナーとして各分野で活躍した。

5　西九州大学の国際的サバイバル戦略

（1）　西九州大学のイメージコンセプト

「西九州大学はどう変わるのか」、その発展進化した形態を次のように表現できる。要約していえば、例えば、「アジアトップレベルの健康福祉人財教育」「アジアの中の西九州大学」（「アジアに開かれた西九州大学」「アジア健康福祉幸福人財育成大学づくり」「西九大からアジアへ・アジアから西九大へ」）、「学生か信頼でき誇りに思える大学づくり」などである。

1　価値理念

「西九州大学の建学の精神と教育理念」は、「高度の知識を授け、人間性の高揚を図り、専門知識と応用技術をもって社会に貢献し、世界文化の向上と人間福祉に寄与する人物を養成する。」（『学生便覧』二ページ）ということである。この言葉は、永原学園創立者永原マツヨの教育理念である。この理念のベクトル上に、「アジアの人々に寄与貢献する健康福祉プロフェッショナル人財を、アジアの複数大学が連携して佐賀の地（西九大）で育成していこう」という新しい考え方を提示できる。この考え方は、今日のグローバル時代における「アジア―九州・ＳＡＧＡ」というフレームワークにつながる。その理念実現のためには、同じベクトルを目指すアジア各国の複数大学が連携協力して取り組んでいくことである（例えば、安徽三聯大学、廈門理工学院、ハノイ大学、ブラパー大学など）。

ヨーロッパ社会は、戦後、世界大戦を猛省し、一九八五年の「エラスムス計画」策定、一九九九年の「ボローニャ・プロセス宣言」、一九九二年の「ＥＣ（European Community）」の設置、さらに一九九三年の欧州連合（European Union）設立によって国際人財育成に取り組んでいる。一方アジアでは、二〇一八年に「エラスムス・プラス」（アジア版エラスムスとしての「キャンパス・アジア」構想）が発足し、ここで「アジア版・国際協働教育プログラム」として大学間交流のあり方が試行錯誤されている。「東アジア共同体の実現」が目指され、アジア地域全体を視野に入れた多様性・個別性・地域性などが尊重されている。つまり国家・国境・国籍・民族・人種・言語・文化などを超えた「アジア国際協働教育プログラム」の実践に取り組んでいる。いわば、「アジア地域社会全体の健康・福祉・幸福問題の課題解決に貢献する人財」を育成していこうとしているのである。

この「エラスムス・プラス」という考え方を、これからの西九州大学の新しい国際化ビジョンに応用・展開できないだろうか。つまり「西九州大学一〇〇年ビジョン」として、「ローカル大学のローカル人材づくりからアジアのグローカル人財づくりへと進化・発展段階にある」と位置付けることができる。これまでの「九州圏域における健康福祉人材育成」から「アジア圏域におけるアジア人財としての健康福祉プロフェッショナル人財育成へ」と発想転換するのである。

西九州大学はこれまで、「大学の第三使命」として「社会貢献（地域貢献・国際貢献）」＝「地域大学宣言」をし、地域社会の課題解決に取り組んできた。つまり「地域貢献大学」として、様々な地域課題解決に取り組んできたのである。さらにこれからの西九州大学は、「アジアの健康福祉プロフェッショナル人財育成のアジアの拠点大学づくり」を目指すことになる。

2　目的

西九州大学および西九州大学短期大学部は、「グローカルな視点をもって地域活性化に寄与することのできる専門職業人を人材育成の目的としています。」（『学生便覧』三ページ）という。グローバルの時代、アジアの時代には、西九州大学も「大学全体としての国際化＝グローバル化」をしなければ生き残れない。学生・教員の相互受け入れ・派遣交流を活性化するために国際交流にもっともっと力を入れなければならない。優秀で良質な外国人留学生の増加によって、日本人学生と大学の定性・定量的国際化を図ることができる。

外国人留学生と日本人学生とのミングリングによる「国際協働教育プログラム」(カリキュラムやシラバス)の導入により、「教育のグローバル化」に対応する。アジアの優秀な若者が自由に国境を越えて移動し、離合集散しながら、学び、遊び、働き、考え、共に生きる時間・場所を共有する「アジア・コミュニティ・キャンパス」を創造する。

大学が活性化すれば、地域社会も活性化する。さらに地域社会が活性化すれば、若者の地方離れ、地元就職、都会志向、大学進学者数二〇%減、大学全入時代などの諸問題に対応することができる。「大学の第三使命」である「地域貢献と国際貢献」を一緒にして「グローカル貢献」ができる。つまり国家・国境に跨って発生している国際的課題は急増している。それゆえあらゆる大学がアジア社会の共通課題を解決する高度専門家を協働して人財育成していく必要がある。七〇年以上にわたり健康福祉人財を育成してきた西九州大学にとって、「アジアの大学で、アジアの大学と共に、日本の健康福祉モデルの魅力を海外に伝えよう、紹介しよう、教えよう」というチャンスはまさに進化の好機である。これまで蓄積してきた大学リソースを国際社会に打って出る。「ピンチはチャンス」なのではなかろうか。まずは「魅力ある大学づくり」に成功すれば、元気なまちづくりに繋がり、活力ある地域活性化にも成功する。

3　目標

①国際交流の数値目標を設定

国際交流の数値目標を、例えば「受け入れ一〇〇人、派遣一〇〇人」とする。将来的には、この数値目標を達成するために、全学生（二〇〇〇人）の一〇％（二〇〇人）というより高い目標を設定する必要がある。その目標達成のためには、さらに「オール西九」（全六学部九学科）として全学的・長期的・協力的に取り組んでいかねばならない。これまでの受け入れ実績は、七年前の七人、二〇一八年五三人、二〇二〇年度は八五人が入学している。これからの課題としてはとくに交換留学生から「正規留学生」の確保と増加に力点を入れるべきであろう。

カリキュラム編成は、西九州大学グループ（短大も含む）として、「大学短大共通科目」とし、学生が履修しやすいように協力し編成する。さらに学生・教職員・一般市民・専門家など多種多様なキャリア人財を受け入れ、相互派遣事業を活発化し、異（他・多）文化交流体験を深めることである。

②「グローカル・ブランディング」の確立

「海外留学の新しいブランド化（付加価値）」を目指す。すなわち「ⓐ日本語能力＋ⓑ専門知識＋ⓒ学位取得＋ⓓインターンシップ研修体験＋ⓔ日本留学体験＋資格取得」などのブランディング・シナジー効果を達成する。これは「西九大の国際化」という好感度アップに必ずつながる（若者の受験者増など）。

③ＤＤＰ（Double Degree Program：二重学位取得制度）の導入

ＤＤＰが目指す人財像は「アジア市民」であり「アジア人財」の育成である。とりわけ西九州大学では、「アジア健康福祉幸福プロフェッショナル人財」の育成を目指す。

ＤＤＰの特色は、教育のグローバル化時代に適した国際協働教育プログラムである。ＤＤＰは、ひとつの大学だけでなく、複数の異なる国家、大学、学部学科に跨って連携協力しながら、自由に国境を越える発想力や行動力を持ち、アジア圏域全体で活躍できる人財を育成することである。それは学生をこれまでのようにひとつの大学枠内だけに囲い込むのではなく、海外留学させ、異質・多様・個性を持った言語・文化・歴史などと出会い、触れ合い、交わり合うことによって、それらが共存・共生・共有できる新しいモデルを考える人間を育成することである。

ＤＤＰは、「２＋２」（前期課程（語学中心）二年＋後期課程（専門中心）二年）として、相手校に三年次編入学し、専門課程の単位を修得し二つの学位を取得、さらに卒業後は就職か大学院進学する。現在の「短期交換留学」（〝遊学〟）にさらに一年プラスして、「正規留学生」として受け入れるという考え方である。

因みにこれまでの「海外研修セミナー」に参加した学生の意見やニーズを集約すると、ほぼすべての学生から「ぜひ四年間で卒業できる留学制度を創ってほしい」「ＤＤＰはまさにそれができる素晴らしいプログラムである」）「必ず実現してほしい。もし間に合えば、私もこの制度で留学したい」といった強い期待感が表明されている。

④ＤＤＰの教育カリキュラム（試案）

ⓐ入り口（入学：アドミッションポリシー）

・学生募集（海外協定校、海外日本語学校、海外高校、佐賀県内日本語学校、県内高校など）

・大学の役割は、宿泊施設の提供、奨学金の確保、外部資金の獲得など

ⓑ課程（二年間の教育課程：カリキュラムポリシー）

・大学・学部・学科全体のグローバル化（とくに社会福祉学科と子ども学科の「三年次編入制」の態勢づくり、国際教育プログラムのカリキュラムデザインなど）。

・留学生ニーズに合ったコアカリキュラムやシラバス編成（新科目の例：コミュニティビジネス、ベンチャービジネス、ビジネス日本語など）。

・日系企業・団体・施設など、インターンシップ研修体験の充実。

・大学の役割は、チューター制度、アルバイト斡旋、ゼミ内交流活動、国際交流サークル支援など。

ⓒ出口（卒業、進学：ディプロマポリシー）

・卒業認定、学位授与の方針（資格取得）。

・大学院進学の推奨（学位取得、他大学大学院を含む）。

・就職（国内・県内企業の就職情報提供、県内就職の勧め、面談リハーサルなど）。

・インターンシップ研修体験先を就職活動に結び付ける（老人ホーム施設など）。

ⓓ帰国（フォローアップ体制、国際循環型教育制度）

・大学の役割は、海外相手校への連絡・継続的な支援活動など。

6　二重学位取得制度と大学のチャレンジ

現代アジア社会は、確かに少子高齢化社会問題など、国家・国境を越える共通な地域課題に直面し、その課題解決のための「現状分析―原因解明―改善提案―行動変革」に連携協力し対応していかねばならない。こうした複数の国家間に跨る問題に対処するためには、越境する課題に適応できるだけの感性と資質と経験を持った「新しい人財」（「アジア人財」）育成が必要不可欠である。その「健康福祉プロフェッショナルのアジア人財づくり」のための「新しい国際協働教育プログラム」の開発こそ、現在の大学・学部・学科に求められている。そのような「グローカル教育プログラム」のひとつが「DDP」であり、この取り組みは最初二カ国・二大学間であっても、やがて将来的には複数大学間に応用展開が可能となるであろう。

ローカル大学のサバイバルとしては、こうしたイノベーショナルな国際教育組織変革に積極果敢にトライ&チャレンジすることである。激しい国際的大学間競争環境下にあって、「何もしない」ことはすなわち消滅を意味しているといえる。

（田中豊治）
（ティン・ティ・ゴック・ラン）
（グエン・ティ・ラン・アイン）

第4章　教育のグローバル化
―ヨーロッパコミュニティからアジアコミュニティへ―

1　グローバル化とは

グローバル化とは何か。最近、いろいろな分野においてグローバルという言葉が使われる。グローバル人材、グローバル経営、グローバル戦略、グローバル時代、それから、グローバル・コミュニティなど、数え切れないほどである。例えば、人材について考えるとなんとか理解できる。つまり人材とは「有能な人物」のことを指す。しかし「グローバル人材」というときにはどのような意味だろうか。我々は深く考えず、悩まず、ある言葉を使うことに慣れているが、どのような意味なのかと問われると、時々答えに迷うことがある。まず、グローバルとは何なのかということから入りたい。

「グローバル」に類似した言葉として「国際化」という言葉がある。国際化という言葉はどのような意味で使われるのか、どのような場面で使っているのか、思い出してほしい。国際化といったときには、ある起点が必ず存在する。例えば、西九州大学の国際化というふうに、始まる起点が存在する。

日本の国際化、日本の大学の国際化が遅れているとか、必ずスタートラインを示している。これが「国際化」という言葉のポイントである。つまり「国際化」という言葉を使っている時に、そのことを意識する人は殆どいないが、国際化する起点を前提として使用している。佐賀の国際化、これがいいとか悪いとか、そういう判断ではない。ただ、言葉の意味合いとして、起点を含む意味で使われていることを理解する必要がある。とすると、国際化の先は何があるのか。現在の状況を拡大する、または強化することを意味する。例えば、ある企業が国際化を進める。何で進めるのか。今の業績を伸ばしたいからである。今は市場が限定されているので、さらに市場を拡大したいということがそもそも前提にある。

それでは、グローバル化はどうなのか。英語でGlobal、Globeとは「球」を意味する。つまり第三次元のことを指す。そもそもグローバルは、ある起点が存在せず、最初から「立体」を前提とする。したがって、グローブ、グローバル、グローバライゼーションといった言葉は立体化している状態を意味している。グローバル化とは、そのことができていない状態を、そういう物体に造り変えようということである。なぜ立体化を目指すのか。それには必ず理念が存在する。そこで私はあえて、このグローバル化の過程は、「理念創造の過程」だと定義する。あらかじめ理念が存在しているわけではなく、理念そのものを我々は創造していく、そのことがグローバル化ではないかと思う。

では、グローバル人材とは何なのか、そういう理念が創造できる人を指すことになる。例えば、ある企業に就職した人が常に日本という発想しかない場合には、国際化はできるかもしれないが、グローバル化を進めることはできるはずがない。起点を日本に置いて考えるのは、かなり限定されて、限られた効果しか出せないからである。グローバル戦略とはまさにこのような環境を克服することが狙いといえる。

それでは、以上のような意味においてグローバル化の例を取り上げてみよう。我々が定義したグローバル化の概念に基づいて歴史を鳥瞰してみると、たくさんの例が見られる。そのうち二つだけを取り上げる。

一つは日本の例、もう一つはヨーロッパの例である。日本はいつから日本国だったのか。八世紀頃には「倭」という言葉に変わり「日本」という言葉が特に外交関係において国名として定着したといわれる。それではこの時期から人々には「日本人」という意識があったのだろうか。それは違う。「日本」・「日本人」意識が一般化したのはほぼ現代に入ってから、つまり明治からである。その前は、多くの場合、小さい日本列島の中だけで非常に厳しい戦いをしてきた。ヨーロッパを見ると、「ＥＵ」はいつから始まったのかというと、戦後になる。最初、欧州石炭鉄鋼共同体を、つまりパリ条約に基づいて、フランス、スイス、イタリア、オランダ、ベルギー、ルクセンブルクの五カ国で始めたことが今、大きく成長してＥＵとなっている。

私はこのことをグローバル化の過程として捉える。なぜならば、当時、一つの理念が創造されたからである。日本国の場合は、富国強兵、国を強くして豊かにするという明治初期の理念が創造された。何で明治維新が必要だったのか。みんなが辿り着いた理念があったからである。それから、殖産興業も新たな理念であった。つまり欧米に遅れているから、国が全面的に支援をして、豊かな国にしたいというのが、そのときの理念となった。その理念を実践するために、明治維新が必要であり、日本国という、今までとは捉え方が違った空間が必要であったと理解することができる。

ＥＵの場合はどうだったのか。第一次大戦、第二次大戦、その前も数えきれないほどの戦争があり、まさにヨーロッパは戦争の歴史と言ってもよいほど多くの戦争を経験してきた。どうすれば、そういうことに終わりを告げられるのか。みんなが悩んで、そこから出発したのが「共同体」である。みんなが経済的にもっとよくなるということではなく、ヨーロッパでは「平和をどう実現するのか」、そこから始まったわけである。欧州石炭鉄鋼共同体結成は、当初、多数派の意見でもなかった。理念というのは、まずは少数、極端に言えば、一人あるいは二人の意見から始まるかもしれない。そこから始まり、それに賛同する人が一人、二人と増えていき、その後、実を結ぶ流れになっていく。

時代的背景を見ると、日本では黒船来航、今まで見たことのないアメリカのでかい船が現れて、みんながショックを受けた。これで日本も植民地になるのではないか、欧米列強の経済力、軍事力によって支配されてしまうのではないか。抵抗すべきか、どうするか。みんなが考え始めたこのことが時代背景にあった。

ヨーロッパの場合は、第一次大戦、第二次大戦であれだけたくさんの人を殺し合って、みんな恐らくいやになっていたと思う。このような背景のもと、次の時代をどう設計するのか。そこで出てきたのが今まで全く考えられなかった新しい空間の創出になる。日本においては日本国、ヨーロッパにおいてはヨーロッパを統一する共同体、名前は違うが、ヨーロッパが最終的に目指すのは一ヨーロッパ統一国家」である。今は、その途中段階にあるが、日本が目指したことと同じである。日本を統一する、ヨーロッパを統一する。その過程の中で、イギリスはヨーロッパから脱退して出ていくことになったが、恐らくその過程では、うまくいくことも、またうまくいかないこともあり、試行錯誤を繰り返しながら進んでいくであろう。しかし、EUは大きな方向としては間違いないし、またその最終的な目標が揺らぐこともないと私は思っている。

ヨーロッパでは、昔はドイツ人、フランス人というアイデンティティが普通であったが、EUができた今は、「ヨーロッパ人である」と、言う人が多くなっている。みんながその言葉を共有するようになった「新しい価値観」である。新しい理念が創造されて、ヨーロッパは戦後、何もない状況から今のように経済的にも発展し、またEUを構成する国々の間で戦争もなく、さらにヨーロッパの中で移動の自由も認められている。つまりビザの要らない時代を迎えている。共通通貨ユーロも導入された。五〇年ぐらい前に比べれば、本当に想像もできないほど変わっている。結果的にどうなったのかというと、総合的に発展して、もともと目指していた平和が達成されている。

2　東アジアをめぐる時代的背景

私は韓国出身であるが、いつから韓国人だったのかと考えると、韓国そのものの名前がそんなに昔からあったわけはない。韓国の言葉をハングルという場合もあるが、韓国では韓国語と言い、北朝鮮では朝鮮語と言う。問題はどのような言葉になれているかである。慣れている言葉が本当のものと皆は思う。日本では日本語のことを「国語」と言う。国語とは何のことなのかと考えると、明治からできた言葉である。その前は国語という言葉すら存在してなかった。国旗、国歌、国民、なども同様である。新しい民族国家が創設されて、みんながそれに慣れるように、そう考えるように教育した結果である。

我々が本当のことだと思っていることは、実は本当ではなくて、イメージかもしれない。つまりそういうふうに、ただ思っているだけである。状況が変われば、再び変わっていく。要するに私たちが当たり前と思っている日本も実は新しく生まれた空間である。その空間とは、私たちが考えることによって、いくらでも、これから変化していくものである。つまり想像である。本当に存在するのではなく、多くのことが頭の中の、ただのイメージかもしれない。

例えば、地域だと、みんながそう思うと、それが特定の地域になる。今日私は特に「東アジア」という言葉を使っているけれど、東アジアといったときに、アジアの中でどこが境界線になるのか。そこには、漢字文化圏があり、仏教があるかもしれない。しかしいろいろな状況からしてもともと東アジアという概念は存在しなかった。二〇〇年前、そんな語句はなかった。今から私たちが東アジアの地域が一つの地域として、空間として存在すると考えていくと、これは存在することになる。

なぜ東アジアなのか。例えば、日韓中だけでもいいのではないか。それもいいかもしれない。東アジアといったときには、東南アジアも、ASEAN一〇カ国も含んで使っている場合が多い。人によっては日本、中国、韓国だけを言っている人もいたり、いろいろな使い方がある。私が「東アジア」といったときには、日韓中三カ国と、もちろん地理的には北朝鮮とか台湾とかも含まれるが、それとASEAN一〇カ国を入れた空間のことを東アジアという言葉で指す。東アジアという空間ができたら、その中で、なぜ、この状況を考えないといけないのか、なぜ東アジアが必要なのかということになる。

まず、日本の状況、人口問題である。日本は、二〇〇八年より本格的な人口減少時代に入った。二〇〇八年には七万九〇〇〇人の減少であったが、減少率は毎年大きくなってきている。このような人口減少は日本が統計をとってから初めての経験である。ある特定地域を除けば、人類が誕生して、昔は文明が消滅したことはあったが、近代国家ができてから人口が減少することは例がなく、日本が初めてのケースである。今、日本のほとんどの制度は、つまり年金制度にしても、教育制度にしても、保険制度にしても、すべて人口が増えることを前提とした設計である。昔は韓国でも二人以上は産まないようにという教育があったり、人口が増えるのが問題であった。これからどうするのか、議論はたくさんあるが、処方箋はまだ出ていない。

IMFなどの国際機関は、日本に対して一〇年以上前から人口減少問題について対策を打つように勧告を出してきた。その解決策の一つとして示されたのが移民の受け入れである。しかし日本にはどうしても外国人に対して根強い抵抗感というか、不安視する世論があって、今まではっきりした成果を出してない。この状況、つまり日本の人口が減っていくときに、日本だけで問題を解決することは非常に難しい。

もう一つ、経済的状況である。日本は戦後高度経済成長を通じて世界第二位のＧＤＰを誇るようになった。日本人にとって一九五〇年代、一九六〇年代、一九七〇年代は本当に幸せな時代であったに違いない。当時の日本は、毎日のように給料が上がり、そして三種の神器と言われた冷蔵庫、洗濯機、白黒テレビが一般化し、生活様式に革命がもたらされた。本当に夢に満ちた時代であった。しかし残念ながら、今は二〇年前より平均所得が下がっている。今、子どもたちは親世代より不幸な時代を迎えている。先進国の中で日本と同じような国はない。日本だけである。これだけ日本は変わっているが、例えば、経済全体に占める日本の位置づけを見ても、相当低下している。もちろん、中国が上がってきているからということはあるが、これも、今まで日本という国が一回も経験したことがない局面を迎えている。

次にアジアの地域対立の状況を見たい。最初に朝鮮半島の南北分断の問題である。もちろん南の韓国と北朝鮮の問題ではあるが、日本にも大きな影響を与えている。この問題を何とか解決しないといけない。例えば、ヨーロッパにおいて平和のために共同体を発足させたのと同じく、アジアにおいても平和を考えるときに、何とか地域空間を広げてしまえば、その小さい範囲での紛争はなくなっていくはずである。

それから、日中間の尖閣諸島問題（中国名・釣魚群島）もある。島の領有権をめぐり、紛争にまでは至っていないものの、日本と中国は鋭く対立している。また、日韓の間でも、竹島（韓国名・独島）問題がある。このような島の領有権問題は二国間関係を難しくし、論争の火種となっている。しかし、例えば、共同体の形成ができてしまえば、そんな問題はなくなるわけである。どこのものなのかというのは、意味のない話になってしまう。さらに、東シナ海をめぐる対立、中国とフィリピンとか、またベトナムとか、こういうものも、例えば、空間を広くとってしまえば、ほとんど要らない話になってしまうわけである。

日本が明治維新の改革を行ったときには、経済的にも、国を豊かにするという理念があったが、今、日本も韓国も中国も相互依存がものすごく進んでいる。昔はアメリカに依存した経済構造であった。今は韓国の第一パートナーは中国である。日本も第一貿易相手は中国である。この関係は三〇年前には考えられなかった。韓国と中国が国交正常化を行ったのは一九九二年である。そのときまでは韓国と中国の間には公式にほとんど民間交流はなかった。今は中国で仕事をしながら滞在している韓国人が一〇〇万人に上ると言われている。その数字は昔から中国に住み着いている朝鮮族ではなく、国交正常化以降に新しく渡っていった人数である。これだけ地域が密着していくと、お互いの経済活性化にも大きなプラス効果がもたらされるであろう。

二〇一八年現在、日本観光に来る人たちが三〇〇〇万人を超えているが、この内訳を見ると、ほとんど中国人、韓国人、台湾人の構成である。昔は韓国人や中国人が佐賀県まで観光に来ることは考えられなかった。今、中国人や韓国人は佐賀まで足を運んでいる。佐賀の地域経済という観点からすれば、この状況をもっと有効利用する必要があろう。これを進めるために、いろいろなレベルの議論も必要であるが、例えば、政治家の議論、経済界の議論も必要であるが、やはり教育のレベルにおいての議論が欠かせない。教育というテーマは非常に大事なものである。

3　教育のグローバル化—ヨーロッパの経験—

ヨーロッパでは、政治家、思想家、学者らが集まって共同体の議論を盛り上げる過程で、ヨーロッパにおいて教育のネットワークをつくろうと、「エラスムス計画」（ＥＲＡＳＭＵＳ、European Region Action Scheme for the Mobility of University）を進めた。共同体の議論が始まって三〇年ぐらいした一九八七年に具体化したこの計画は、簡単に言えば、大学間の交流や人的交流を増やそうとしたものである。エラスムス計画は宣言でもあったが、進めようとしたことは、ただ交流だけではなく、教育レベルにおいて、例えば、学位の授与制度、単位制度、卒業要件などを一体化し、ヨーロッパにおいて教育の質を保証するとともに、ヨーロッパを一体化していくということであった。日本に例えると、佐賀大学と西九州大学は国立と私立という違いはあるが、卒業するための要件は大体同じである。また、専門が同じであれば必修科目の構成もそんなに大きな違いはない。このようになっているのは、日本という空間ができあがっているからである。ヨーロッパにおいても、そのようなシステムを構築しようという考え方がエラスムス計画である。表４－１はエラスムス計画の主な目的をまとめたものであ

表４－１　エラスムス計画の主な目的

・EC 全体として人的資源を養成・確保すること
・世界市場でＥＣの競争力を向上させること
・加盟国の大学間の協力関係を強化すること
・EC 市民という意識を育むこと
・域内での協力事業への参加経験を学卒者に与えること

（出所）　文部科学省ウェブサイト。

る。この目的の中で、特に「ＥＣ市民」の意識を育むことは注目に値する。

ＥＵには二七カ国の加盟国があり、言葉もばらばらである。ＥＵの会議はすべて通訳が入る。必要な書類も言葉の数だけある。つまり一つの言葉に統一する必要もない。日本では国際会議は英語で統一するということを主張する人もいるが、英語で統一すべき正当な理由はない。私はいろいろな言葉が同時に使われるべきだと思う。これだけＩＴ（情報技術）化が進み、さらにＡＩ（人工知能）はものすごいスピードで開発されている。これからなくなる職業の中でよく挙げられるのが通訳士である。通訳することはほぼ要らなくなると言われているのである。私たちがあと一〇年後を考えると、外国語の問題はほぼ解決できるかもしれない。つまり英語を東アジアの共通言語にするのではなく、それぞれの言語をもって共同体の議論を進めるときに地域としての東アジアの意味がある。

もう一つ、イタリアのボローニャで行った「ボローニャ宣言」というものがある。これはエラスムス計画をより具体化した中身であるが、ポイントは「質」についてである。教育の質をどう維持するのか、お互い質を高めるようなシステムを構築する。それから、もう一つ特に教職員の流動化を拡大することである。学生だけ流動化すると、教育機関において全体的に言葉の共有ができないので、教職員の流動化も図る。つまり年間二カ月または三カ月ぐらいは、例えば、日本の先生も中国に行って講義をしたり、講義を聞いたり、そういう積極的な流動化がこのボローニャ宣言のもとでは進められている。エラスムス計画とボローニャ宣言は終了したわけではなく、現在も引き続き進行中である。これらの宣言に基づいて、次から次へと新しい試みが施されている。

4　東アジアの試み

二〇一六年一月にソウルで日本と中国と韓国の教育大臣が集まって「ソウル宣言」を発表した。ソウル宣言の中身は、ほぼエラスムス計画とボローニャ宣言の考え方を受け継ぐ内容となっている。主な内容をまとめたのが表4－2である。

ソウル宣言に繋がった日中韓教育大臣会合は、二〇一五年一一月一日に、韓国・ソウルで行われた第六回日中韓サミットの際、三カ国の首脳が、三カ国の相互理解と共栄の促進における教育の重要性を再認識する中、立ち上げが決定されたものである。このような意味においてもリーダーの役割は重要である。表4－2が示しているように、ソウル宣言は教育分野の多方面の協力強化を狙っている。つまり小学校から大学に至るまで教育の全過程を含んでいる。東アジアにおいてもエラスムスの考え方はスタートしたわけである。

キャンパス・アジアという言葉があるが、これは二〇一一年から始まったプログラムである。今回

表4－2　ソウル宣言の主な内容

1	日中韓の教育分野の一層の協力：教育大臣会合の毎年開催
2	創造的人材の育成に向けた教育分野の協力の拡大 ・官民で若い世代の交流拡大 ・初等中等教育段階の児童・生徒間の交流を促進（日中韓の1000の学校） ・3か国の大学生による交流プログラムを創設
3	「キャンパス・アジア」プログラムの拡大を通じたアジア高等教育圏確立の促進 ・2010年の日中韓サミット，2011年よりパイロット的に実施，2016年9月に本格実施が開始される本プログラムに対し，財政支援を拡大 ・3か国の高等教育における質の保証 ・長期的に「キャンパス・アジア」プログラムがアジア地域一帯に拡大
4	世界の教育の向上に向けた日中韓の協力の強化

（出所）　文部科学省ウェブサイト。

の宣言ではこのプログラムを強化していく内容が含まれた。キャンパス・アジアというのは、日中韓で、それぞれ一年、または二年間勉強して、最終的には三つの大学から学位が授与されるという制度である。長期的には、キャンパス・アジアをもっと拡大して、アジア全域に拡大しようという試みである。

この宣言に基づいて、その後、どのような取り組みが行われているかは明らかではない。最近の政治情勢に影響されて、計画の細部は具体化していないかもしれないが、アジアも遅かれ早かれ、この方向で進んでいくことは間違いないと思われる。

5　国際協同教育プログラム

教育のグローバル化のための活動は必ずし

図４－１　教育課程

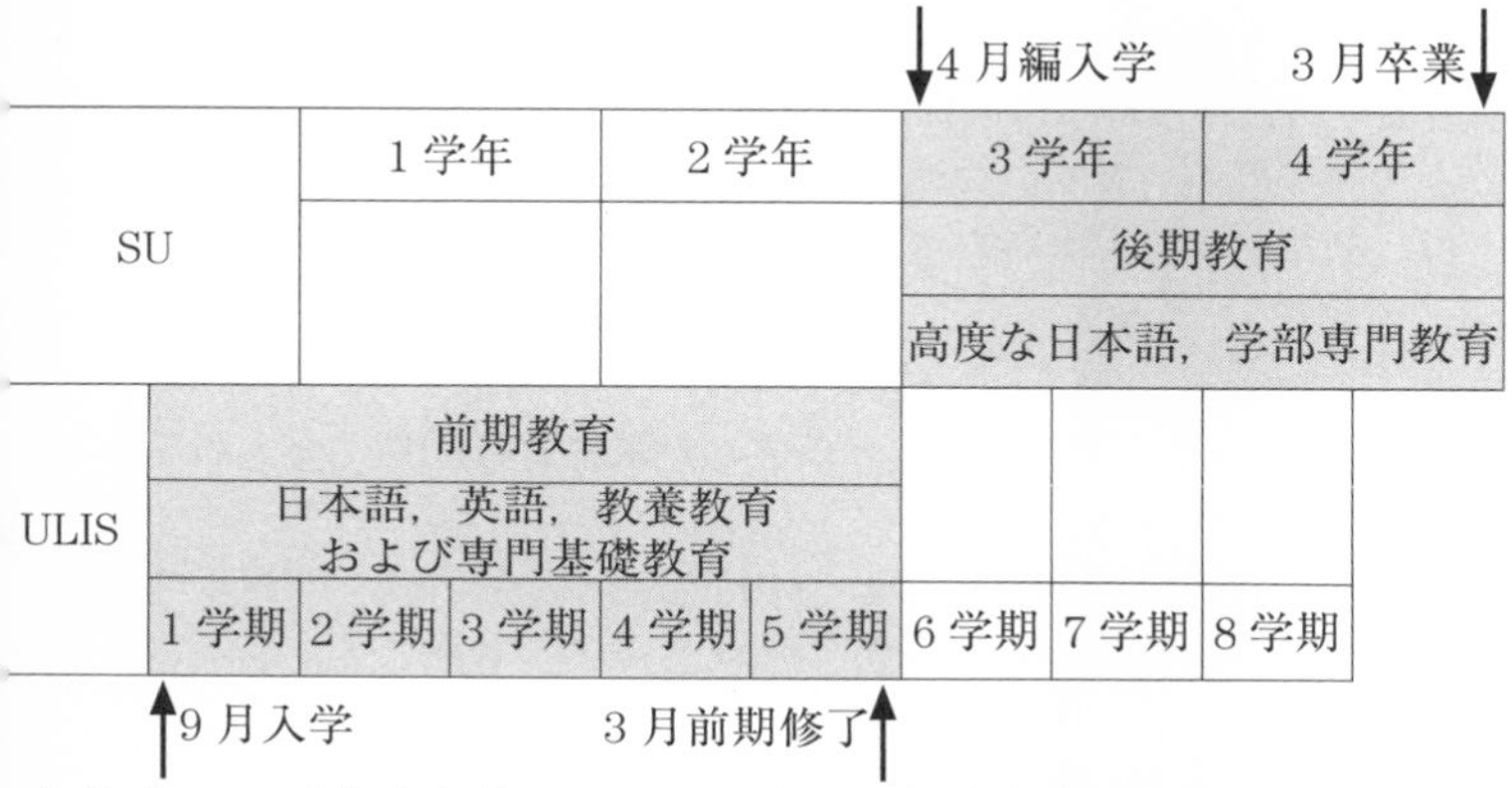

（注）SUは佐賀大学，ULISはベトナム国家大学ハノイ校外国語大学の日本言語文化学部。

も政治の領域に限られるわけではない。地域共同体の形成や教育のグローバル化が目指すものは人類の平和であり、共同繁栄にある以上、教育現場も積極的に取り組むべき活動である。

私がかかわった国際協同教育プログラムを一つ紹介する。佐賀大学文化教育学部は、ベトナム国家大学ハノイ校外国語大学の日本言語文化学部と二〇〇九年九月にツイニング・プログラム（ＴＰ）協定を締結した。ＴＰの仕組みを簡単に説明すると、ベトナムで二年半勉強して、あと二年間を佐賀大学に留学し、卒業時にベトナムの大学と佐賀大学の両方から学位が授与されるというプログラムである（ベトナム側の軍事訓練等の卒業に必要な必修科目の問題で、結果的に佐賀大学の学位のみが授与された）。教育課程は図４－１のとおりである。

ベトナムに進出している日本企業はたくさんある。企業からは、日本語学科出身であっても、もっと日本の文化を理解する学生が欲しいという希望がある。ベトナムの学生が二年間勉強したあと日系企業等で仕事ができればお互いにとってプラスであり、長期的にアジア全体の発展にもつながる。TPは、佐賀大学の学部改組によって、文化教育学部が廃止されたため、二〇一六年度より中止されたが、その間一二人のベトナム学生がこのプログラムにより卒業した。現在、卒業生は、皆、日本およびベトナム企業の第一線で活躍している。

先にも触れたが、英語中心の言語教育はアジアにとって大きなメリットがあるわけではない。今の時期こそ、アジアの人材育成に力を入れるべきである。

【参考文献】

吉本隆明『共同幻想論』角川ソフィア文庫、二〇一二年。

東アジア共同体評議会『東アジア共同体白書二〇一〇』たちばな出版、二〇〇〇年。

ワンアジア財団『ワンアジア財団の七年のあゆみ―二〇〇九～二〇一六―』芦書房、二〇一七年。

文部科学省ウェブサイト。

（張　韓模）

第5章　アジアにおける善隣友好と市民の相互理解
―中国からみた日本―

1　日本との出会い―中国人として日本で生きるということ―

中国では大学への進学率は既に八割に達し、在籍している大学生の数はおよそ二五〇〇万人弱。四年制には、毎年六百何十万人の学生が新入生として入学してきます。ちなみに私が勤務する廈門理工学院の学生数は二万二〇〇〇人です。これは大学の規模としては中国では中の下になります。

英語は世界共通語で、中国の大学では英語は必須科目、第一外国語となっています。ですから、二五〇〇万人の学生が英語を勉強していることになります。日本語は英語に次いで多く学ばれています。ほとんどの大学に日本語学科があります。廈門理工学院の日本語学科の場合は六〇人が毎年入学してきます。また、その他の多くの学生が第二外国語として日本語を学びます。大学の数は、日本が約八〇〇校（四年制大学）ですから、中国はその四倍弱になります。

しかし、近年、大学で日本語を学習しなくなってきていて、日本語学科以外で勉強したい、あるいは勉強している学生が増えています。それは日本語学科にとってはありがたくない話です。日本語専攻の学生が減ってきているのです。御存じのように、日中関係が影響しています。それで、日本語以外の外国語を勉強する学生が増えています。では日本での中国語の学習はどうかというと、こちらもまた減ってきています。

今日はさまざまな話題から、中国は一体どのような国なのかを、短い時間ですが一緒に考えていきたいと思います。

私は日本に一昨日帰ってきました。「帰って来ました」というのは私は佐賀在住だからです。佐賀は私にとっては「第二の故郷」です。みんなから「何で佐賀ですか」とよく聞かれます。簡単に紹介すると、一九八九年の来日ですから、約三〇年前になります。その当時は日本に留学する場合、身元保証人が必要でした。金銭面から一切合切引き受けてくれる身元保証人がいないと、来日できなかったのです。そこで、私の父の恩師が佐賀に在住していて、その方に保証人になっていただき佐賀に来ました。ちなみに父は昔の大連一中の卒業生ですから日本語は私より上手でした。父の影響で私も日本語を勉強し始めたのです。最初、佐賀がどこにあるのか全くわかりませんでした。来てみたら、いいところだなと、住めば都だなと思うようになって、ずっとお世話になっています。佐賀の人は最初はちょっと距離感を感じましたが、いろいろ付き合っているうちに、ものすごく情が深いなと思いました。いろいろお世話になっているところがたくさんあります。感謝の気持ちで一杯です。

もう一つ感謝しなければいけないことがあります。私には子どもが三人います。日本に来たお陰で、一人っ子政策の犠牲になることがありませんでした。長男と次女が佐賀で生まれました。もし、日本に来なかったら、多分一人、長女だけということになっていたでしょう。私の子どもから将来、国籍をどうしようかという相談がありました。それは、自分で考えなさいといいました。本人に任せています。佐賀で生まれた以上、やはりその意思を尊重しなければなりません。

私もよく「日本国籍ですか」と聞かれます。私は取得していません。何で取得しないのかというと、中国に帰ると日本国籍では不自由することがあるので、日本国籍を取得せずに永住権を持っています。それで、両国を自由に行き来できます。もし、私がそのようにしなかったら、中国に帰るときにビザを取得する必要が生じます。

一つ断っておきたいのは、私は「反日」でも「嫌日」でもないということです。むしろ私は「知日」です。いろいろなことを乗り越えて「親日」になったのです。私が皆さんにお願いしたいことは、「知中」になっていただきたいということです。「嫌中」あるいは「反中」という立場もありますか、「知中」が一番冷静で知的だと私は思っています。

日本では、近頃、「反日」あるいは「親日」ということを短絡的に考える風潮が多く見られ気になっています。例えば、この前、バングラデシュで日本人がテロに遭い人質にされたときに、「私は、日本人だ」と言ったら殺されてしまった。これはバングラデシュは親日国家なのだから、そういえば助かるという短絡的な見方があったからではないかと思っています。

私は先日、広州で日本大使に会って話をする機会がありました。その時、バングラデシュやイスラム国の支配地域に行くときは、コーランを持たせたほうがいいのではないかと冗談半分でいいました。いざという時に出して、私はこれを読んでいると、自分で自分を守ることが大切です。親日国家だからとか反日国家だからという短絡的思考では身を守れないのではないでしょうか。

一昨日帰ってきて気になるニュースが二つありました。一つは、新海監督の「君の名は。」についてです。中国でも上映されて大ヒットしました。興行収入はたった一週間ほどで九〇億円と記録を更新しているとのニュースです。

もう一つは、上海で「ラーメンのテーマパーク」がオープンして、評判を得ているというニュースです。ラーメン一杯九〇〇円。びっくりするでしょう。佐賀では六五〇円か七〇〇円。チャーシュー入りの大盛りで八〇〇円ぐらいでしょうか。中国の平均給料は日本の大体五分の一です。ですから、九〇〇円の五倍。それでもお客さんがいっぱいというのです。

さきほどビザの話を話しましたが、二〇一八年の訪日外国人数は三一一九万人。その中の約三分の一は中国からです。二〇一九年には中国から九六〇万人が来日すると予想されます。一番お金を落としている観光客は中国人です。いわゆる爆買い現象です。しかし、今はそれも少なくなってきています。それは、為替レートが変わったからです。二〇一五年六月には一万円は五〇〇元ほどでしたが、二〇一六年六月には六五〇元を超えました。ですから、一年で為替が三割上がり、円高になりました。それで買わなくなりました。二〇一八年に来日した中国人は八三八万人ですが、同じ年の中国の出国人数は約一億五〇〇〇万人、日本はその中の約八〇〇万人です。皆さんは多いと思いますか。もしもビザの発給状況や日中関係がよかったなら、私は軽く二〇〇〇万人を超えただろうなと思います。これは日本にとってとても大きな数字です。中国のことをもう少し知っていただいて、現状でいいのかを考えていただきたいのです。日本はこれまで貿易立国でした。今は少し輸出が落ちてきています。ですから、「観光立国」にしようという話です。そうすると、隣にある大きな国、大きな市場をどう考えるかによって、政策がいろいろ変わってくるでしょう。対中国政策がこれからどうなるかは学生の皆さんにも大きな影響を与えると思います。

近頃、日本では暗いニュース、例えば消費税増税、年金カット、医療費負担増などが多い。私は来年六〇歳になります。中国では定年です。六〇歳になったら佐賀で悠々自適に暮らしたいなと思っています。でも、年金がどうなるのかが気になります。ちなみに中国では年金は、年々増えています。年金はおよそ給料の半分ぐらいです。今、世界中どこを見ても、先進国の中で年金が増えている国はありません。定年を延ばすか、年金カットか、どちらかです。中国の場合は年金支給額が毎年増えています。物価も毎年上昇しますが、年金も毎年平均一割ほど増えています。日本の場合は、物価が上がっても年金の手取り額は増えないこともあるでしょう。

中国の場合は女性は五〇歳で、男性は五五歳で定年というのが一般的です。ですから、中国に行ったら、街角でたくさんの五〇代、六〇代の人たちがダンスやトランプや麻雀をしている。私は、毎年、学生を引率して、東京・関東、関西、九州を三週間で回ることにしていますが、学生が日本に来てびっくりするのは、お年寄りが働いていることです。タクシーの運転手は七〇代、八〇代のおばあちゃんがマクドナルドで元気に働いている。中国のお年寄りは何をしているのかというと、子守です。大変ですが、みんな喜んで孫の面倒をみている。これば中国社会の現実的一面です。

2　作られた中国のイメージとホントウの中国

私がいいたいのは、中国は日本にとってどのような国なのかということです。例えば、中国は皆さんのイメージの中でどのような国でしょうか。選択肢をちょっとあげますと、社会主義、資本主義、共産主義、あるいは先進国、開発途上国、後進国、まだまだありますが、皆さん、どうでしょうか。「先進国」（学生の発言）。うれしいですが、そうではありません。

中国のＧＤＰ（国内総生産）は世界で何番目でしょうか。アメリカが一番目、中国は二番目です。日本は三番目です。現在、中国の国内総生産は日本の約三倍になっています。毎年六％ぐらいの成長率を続けてきましたし、市場が大きいからです。昨今、中国は減速あるいは失速しているといわれますが、ＰＭ２・５などの環境問題から意図的にブレーキをかけている面もあります。

ＰＭ２・５は工場の操業や車の排気ガスによって発生しますが、北京は特に汚染がひどく、最高度の警報が出されました。学校も休校となりました。中国では年間三〇〇〇万台ほどの自動車が売れています。ちなみに日本ではすでに五〇〇万台を切っています。中国の場合は三〇〇〇cc、あるいはそれ以上の排気量の自動車が多いので、日本より排気量が多く、台数も多い。またガソリンの質は日本に比べて良くない。ですから、排気ガスが増えて、ＰＭ２・５が増えることになります。

さらに、中国の東北部、旧満州地方は、冬は石炭ボイラーで暖をとっています。これもＰＭ２・５の増加に繋がっています。

私が、日本へ帰ってきていつも感じるのは、青空がきれいで、人が少なく、静かだということです。家は狭いですが。日本では、天井の高さは大体二メートルちょっとでしょう。中国は三～三・五メートルです。ですから冬は暖房費が嵩みます。一方、日本は広いなと感じることもあります。私は廈門に住んでいます。十何年前に廈門に旅行してものすごくきれいな島だったので移り住みました。しかし、近頃、高層ビルが建ち並び、海や山が見えなくなってしまいました。非常に圧迫感を感じます。私は佐賀では一〇階建てのマンションに住んでいますが、これは中国では低いほうです。ですから、日本はまちが広いなと感じます。

このように日本には、よさがまだまだたくさんあります。そのよさをどのように生かして、中国と仲よくしていくのか。今は世界情勢が目まぐるしく変わっている最中です。日本も非常に難しい状況に立たされています。これから、中国をどのように理解し、どのように対応していくかによって、中国の対応も変わっていくでしょう。

中国はどのような国でしょうか。中国は反日キャンペーンをやっている、反日教育をやっている国です。ある調査によると、「日本人の九二％が、中国に親近感を持っていない」。非常に深刻な数字です。多分、北朝鮮に対する数値もこれほど高くないと思います。もし、本当に中国が反日国家だとしたら仕方がないのですが、実際はそうではありません。

さっき話したように約八〇〇万人の中国人が来日しています。新海監督の映画「君の名は。」は、廈門理工学院の日本語学科の学生はほとんど見ました。見て非常に感動しました。あと、私の教え子は日本に来ると、「青空はいいな」、「日本人は親切ですね」、「料理がおいしいね」と言ってみんな満足して帰ります。一方、今、日本から中国に出かける観光客はとても少ないのです。みんなビジネスです。これは深刻な話です。なぜかというと、日本人の存在感が低下しつつあるからです。このことを私は本当に危惧しています。

さて、日本に対して親しみを持っている中国人は、六割です。人口一三億五〇〇〇万人の六割を計算してみてください。日本の場合は約一億二五〇〇万人の一割が「親中」ですから。この数字の差を考えてほしいのです。これでいいのかどうか。

つぎに中国の経済状況についてです。今、減速しています。それは意図的に減速させているということです。つまり、今までのような急速な発展はもう必要ない。公害汚染などの被害が出てきたので、今までの状態を変えて新しいスタイルでやっていこうということになったのです。日中は、例えばインドネシアで高速鉄道の輸出を競っています。それは、中国は技術的に日本と競争できる状態にまで近づいた、あるいは五分五分で戦っているということです。そうすると貿易の質が変わってくる。今までは中国製品というと、ノーサンキューでしたでしょう。皆さん中国製品は嫌だと。そこで、スーバーで安い中国産のタケノコなどをほとんど見かけなくなりました。そういう農産品に余り輸出しなくなった。それでは、何を輸出するかというと、例えば、iPhone、電気製品、電機部品などに方向転換しつつある。

中国は、近年インフラ関係に力を入れています。例えば、中国が進めている「一帯一路」、それと関係したAIIB（アジアインフラ投資銀行）に力を入れている。今、日本企業は中国から撤退して、「中国プラスワン」といって、ベトナムや東南アジアに進出していますが、中国企業も進出しています。なぜかというと、中国国内の人件費が高くなったからです。ですから、ミャンマーやカンボジアに中国の工場が進出しています。中国はものづくり国家からブランド力の高い付加価値製品をつくるように転換中です。付加価値のある製品の方が当然利益が上がるからです。

一〇〇円ショップではいいものを売っていますが、原材料費や流通経費などを引いたら、ほとんど利益が出ません。それでも今まではやってきた。今、中国はそれを変えて、付加価値の高い製品にシフトしていく途中にあります。

今、本当の中国を正確に見る目が求められているのではないでしょうか。もちろん中国は多くの問題点を抱えています。例えば、先ほど話した大気汚染など、政治的には日本でよくいわれる人権の問題などです。しかし、これは中国が発展していく過程で起こった問題です。発展途上で起こった問題はいずれ解決します。例えば、経済格差の問題は、今日より明日というように次第に格差が縮小してきています。ですから、問題解決に希望を持っています。現在、多少のギャップがあっても、それは受け入れられているのです。ここは共産党に感謝しなければならないところです。

日本では中国の共産党一党独裁は良くないといいわれることがあります。確かに一党独裁はよくないところもあります。しかし、中国では一党独裁でないとやっていけないところもあるのです。

中国では反日教育をしていますが、それでも反日ではないところはあります。日本の場合は、新聞に中国の良くない行動が載ったら、みんな反中になる傾向があります。中国では人民日報を誰も読みません。発行部数は中国で一番多いのですが、誰も読まないし、読んでもそのままは信じません。あるいは逆に、裏を読む。日本の場合、そうではない。もし、日本と中国とどっちが洗脳されやすいかというと、私は日本だと思うのです。これは、日本に二十数年いて得た結論の一つです。日本では九割の人が中国とは価値観が違う、中国とは一緒にやっていけない、という話をよくします。ではロシアはどうなのでしょう。同じ価値観なのでしょうか。まったく違います。ベトナムはどうでしょう。ベトナムは社会主義国です。インドでは国政選挙にもカーストが影を落とすほど、カーストによる人権侵害が行われています。大気汚染を考えると、中国はＰＭ２・５で日本の十何倍のときがある。しかし、インドのニューデリーでは二〇何倍のときもある。そういう話題が、日本の新聞などのマスコミではまったく取り上げられないのはなぜでしょうか。このように、中国を問題視するならば、中国以上に問題になる国があるのにそれを報道しない。これでは中国に対して悪者イメージを潜在的に持っているか、誰かに操作されているのではないかと疑わざるを得ません。

私は本当の中国を見てくださいと重ねていいたい。中国は本当に反日なのか。毎年八〇〇万人以上の中国人が日本に来ているのに反日なのか。もし、反日だったら出国させない。中国共産党にそういう力を持っています。また、本当に日本と対抗しようと思ったら、いろんな政策がとれる。日本の場合、安倍一極集中といわれ、国会で何でも通っていました。それでも民主主義国なのかという疑問を持っています。自民党も何十年も政権を担っていて一党独裁ではないでしょうか。中国は民主主義国ではないと日本でよくいわれますが、中国でも選挙は行われています。共産党の干渉は多少あるものの、農村部では自由選挙を行っている。これは昔では考えられないことです。中国は少しずつ変化しているのに、その現状を見ない、あるいは見たくないという気持ちが私にはよく理解できないのです。

私は、事実に基づくのであれば嫌中でもいいと思います。今は日本が中国の本当の姿をどのように受け取っていったらいいのかを、真剣に考えるときだと思います。そうすればさまざまな考えが出てくるでしょう。しかし、今の日本は議論が少ししづらい状況にある。近年、言論界、政界に毒舌や辛口の人がいなくなって、考え方が一色に染まっている。ですから、私は、日本に帰ってきて、テレビを見ると腹が立ってしょうがない。真実の中国を知らない人が中国について饒舌に話している。話の内容は九九％間違っているのです。昔の情報に基づいて話しているからです。

中国と日本は、二〇年前の視点でお互いを見ています。つまり、日本は二〇年前の中国を、中国は二〇年前の日本を見ている。なぜかというと、アニメやテレビドラマはその時代を扱ったものが多いからです。マスコミも両国の現状を伝えない。皆さん考えてみてください。二〇年以上前の日本と今の日本が同じかどうか。私はバブル期の一九八九年に来日したのですが、あのときの日本は天国のようでした。バブルの時代の日本人は余裕もあって、国際化に理解があり、留学生にも優しかった。しかし今は厳しくなっている。ヘイトスピーチも頻繁になされている。なぜかというと、やはり経済の変化により余裕がなくなったのではないでしょうか。中国に対してだけでなく、周辺の国に無関心な人が増えています。例えば、ＯＤＡは支出しないほうがいいというような内向きの話が近頃よく聞こえるようになりました。中国情勢あるいは世界情勢を把握していない。例えば、アジアインフラ投資銀行（ＡＩＩＢ）に今でも八割の日本人が入るべきではないと考えています。しかし、これはおかしい。なぜならば、日本が主導したアジア開発銀行（ＡＤＢ）には中国も加わっているからです。アジア開発銀行への出資額は中国が三番目です。それでもＡＩＩＢにはアメリカと日本は加盟しない。おそらくアメリカが先に加わるでしょう。そのとき日本はどうするのか。これは、今でも八割の日本人が状況を正確に判断していないことを表す事例だと私は思っています。日本ではＡＩＩＢは不透明だとか、中国のやり放題にされるのではないかという話になる。欧州諸国も加わっている。加盟して中で改革を議論した方がよほど建設的です。しかし、加盟しないという表明は本音ではなく建前だと思います。私は日本がＡＩＩＢに加盟すれば、日中関係は発展すると思います。もう少し時期が経てばそういう状況になっていくでしょう。

　思いついたことを話してきましたが、皆さんの中には反論もあるでしょう。私は議論が大好きです。議論しないと、本当のことがわからないからです。あえて今日は辛口というか、中国の代表でも代弁者でもないのですが、一人の中国人として、私の知見を皆さんに正確に話してきました。私は中国人、なので中国人の立場で話してきたと思います。今度は皆さんの番です。日本人から見ると中国はどうなっているのか、どうなっていくのだろうかという話を、質問を通して話してくだされぱと思います。

3　日本人大学生からみた中国

皆さんにお願いしたアンケートに、私はなぜ「中国のいいところを書いてください」としたのでしょうか。相手のいいところが分かると、相手を憎む気持ちがなくなっていくからです。

この人は一番いいところは「中華料理」と書いています。しかし、日本の中華料理は中華風料理であって、本場の中国料理ではありません。

「発展度、発展が激しく、速い」という回答。これは間違いないです。しかし、問題もいろいろ出ています。例えば、大気汚染とか。ですから、今、政府は減速というか、経済にブレーキをかけています。

「頭がよい」という答え。うれしいですね。特に英語力。中国からの留学生の皆さん、聞いていますか。英語力が中国人のいいところだと。中国語は発音がもともと複雑で、音韻数が多い。例えば、巻き舌音とか、日本語にこれはない。中国人の英語学習に有利な点です。

次は「広い」。しかし、日本も広いのです。日本を皆さんはどういうふうに思っていますか。日本は大国ですか、小国ですか。例えば、面積でも人口でも日本は「大国」です。イギリスより面積も人口も大きい。ですから、日本も大国だと思います。

あとは「自分勝手が許される」。これはどういう意味かよくわからないのですが、中国の場合、お互いに助け合う精神が旺盛です。日本の場合は「お互いに迷惑をかけない」。この見方には大きな違いがあります。迷惑をかけないことを考えると、相手に頼み事をしてはいけない。頼んだら迷惑になるだろうなと考える。ですから頼まない。中国の場合、「お互い様」と考える。頼んだら、明日、頼まれる。だから何でもやるよといって助け合う。これが多分「自分勝手が許される」ということなのでしょうか。中国の場合、割り込みに対してそんなに厳しくない。なぜかというと、多分何か事情あるのだろうと、急ぎたいわけが多分あるのだろうと。自分もそういうときがあるから、そのとき許してもらえばいいんじゃないかと。

留学生にいいたいのですが、日本では他人に絶対に迷惑をかけないこと。一方、日中関係の場合はそういうお互いを理解してつき合ったほうがいい。中国に行ったら、何でも頼んでいいのです。本当の話。よく日本人が親切だとかいう話を聞きますが、中国人も親切です。ただ、そういう経験がない方も多分いらっしゃる。あとは中国人にこういうことを頼んではいけないと、自粛したりする。自粛して、控えることもあるでしょう。これまではいいところの回答です。次に「悪い」ところです。

「国の監視が厳しい。グーグル、フェイスブックなどが使えない」。これは確かにそういうところがあります。しかし、中国ではヤフーは見られる。ヤフーの日本版がある。私はいつもそれを使って学生に教えている。

「中国人は頭がいい」。上に政策あれば、下に対策あり。わかりますか。中国には、今、言論の自由はある。ただ、LINEとか、ツイッターで共産党打倒とか言ったらちょっとまずい。そういうこと以外は何でもいい。日本でも言ってはいけないことがあるでしょう。例えば、天皇陛下の悪口を誰もいえない。私は、平和主義者の天皇陛下が大好きです。以前、長崎市長さんがテレビの討論番組で「昭和天皇に戦争責任がある」という発言をしたら、翌々日だったかに撃たれた。天皇批判が許されないことは絶対にある。同じように中国では共産党打倒や習近平打倒と話したらまずい。それ以外は言論の自由もある。広い意味で中国は自由度が高い。

日本の社会では、近所づき合いなどおつき合いという言葉があって、嫌でも行かなきゃいけないことがある。忘年会シーズンに、もし偉い先生に誘われたら嫌でも行くしかない。中国の場合は、あっさりと今日は行かないと断れる。みんなそうです。しかし、日本の場合は結構いろいろなルールがある。留学生に聞いたら、近所づき合いやごみの出し方などで怒られることがよくあるという。中国ではそれらはある程度許容範囲に入っている。文化によって習慣は異なるのです。

「どこでもトイレをする」。今、中国のトイレはものすごくよくなってきています。皆さん行ってみてください。廈門に五つ星のトイレがあります。無料ですよ。本当に豪華で、そこに清掃員が常駐している。隣に住んでいる。イタリアなどに行ったら有料で、お金を取られる。トイレ事情は国によって違うでしょう。日本でも酔っ払いは、どこでもするでしょう。まあ、それは習慣というか。今は大分よくなっていますが。

「規則を守らない」。こういうところは確かにあります。ただ、規則を守らなくても怒らない。そういう社会です。余裕を持ってつき合えば、そんなに苦にはならない。ただ、日本人が中国に行くと最初はそれが絶対嫌だという声をよく聞く。私の大学の日本語教師の先生も最初はそうでした。しかし、近頃、ものすごく中国的になって、やりやすくなっている。やはり生活習慣なのです。あるいはお互いのルールは一応あるが、どこまで許容できるかなのです。日本人の場合、とても厳しい。そのあたりはどっちがいいのか、私はわからないのですが、日本では日本のルールに従うのがいいと思っています。

私が感じる日本の好ましくないところは、まず「規則が多過ぎる」中国はアバウトでいい。ですから、やりやすい。中国ではストレスを余り感じないという日本人の話をよく聞ききます。日本に帰ってきたら、生活できなくなる。ちなみに廈門では昼寝をします。うらやましいでしょう。日本の場合は昼休みは一時間でしょうか。中国の場合は一一時五〇分から二時二〇分までが休み。それでみんな昼寝をしている。日本人の先生も昼寝をしている、日本に帰ったらちょっと眠たいという話を聞きます。私がいいたいのは、日本の場合は「ルール社会」というか、あるいはルールがなくても慣習とか暗黙のルールがいろいろあるということです。私は生活すればするほどそれを感じている。

もう一つは「ストレスが溜まりやすい」ことです。「私は日本籍を取らない」。取ったら生活の上でも日本人として扱われる。中国人だから甘えられるという面がある。中国人だからしようがないと、許してくれるところがある。日本はものすごくルールに厳しい。だから、日本ではストレスが留まる。

それを発散するため、日本ではお酒を飲むと下克上かと思うほどすごい発言が飛びだす。私は最初びっくりしました。ストレスが溜まっても捌け口が少ない状況にあるのではないでしょうか。

以上、私の思うところを話してきました。それが的を射ているかどうか、正しいかどうかは、皆さんが自分自身で考え、判断していただければと思います。

（孫　勝強）

第6章　アジアの地域協力と市民教育の役割

1　「一つ」のアジアの創造と「唯一無二」の個性の確立

最初にお話したいのは、ワンアジア財団（現・ユーラシア財団ｆｒｏｍＡｓｉａ）の諸活動に共有されているキーワードは「一つ」であるということです。一つの地球、一つの自然、一つの資源、一つの人類が、財団の諸活動の根源にあるのです。私はそう理解しています。宇宙から与えられたたった一つの地球・自然・資源は人類が生き延びるうえで絶対に共有されなければならない「一つ」なのです。しかし、これを一つの国家や民族、宗教、イデオロギーが支配しようとしたことが、歴史に見られるように世界的対立と矛盾、衝突を生じさせてきました。そもそもが自然の恵みを共有している一つの地球を人為的に線引きした国家や民族といった基準で支配しようとすることがいかにばかげた話であるか、お分かりいただけると思います。現在、世界にはさまざまな民族や文化が存在しており、その構造的産物として国家という最上部構造を成立させています。私たちはそれを利用しているのです。

このシステムにおいては、国家を世界の融合・共存・共栄へと繋げていくか、はたまた阻害・対立・破壊の根源にするかは私たちの決定に委ねられています。個人的には「世界の共有・共存・共栄を目指すための手段」として国家は位置付けられるべきだと考えます。一方、そのシステムの上に成立している国家主義・国民主義・民族主義などは、異なる国家や国民同士の衝突・対立の原因を形成しています。国家や民族を超えた自然現象を共有する機会に恵まれたとき、例えば、日食や月食のような大きな自然の動きを私たちが目にするとき、私たちは国家を超え、それぞれ共感し感動することがあります。しかしひとたびそれが自然現象ではなく社会的事象になったとたん対立が生じます。このことをみると、根源的問題をもたらしている要素が何なのか、すぐにわかるでしょう。

　私たちが同じ人類としてひとつの共同体を構成する手法は二つしかありません。ひとつは力を背景とした上からの統一、もう一つは私たち個々人の「唯一無二性」を自ら育て発揮させることで成立する下からの統一です。上からの統一はこれまでの人類史で繰り返されてきた手法です。それがすべて悪だと私は言いません。人類を構成する個々人が自律的な存在として自らを作り上げてこなかったからこそ、このような人為的なシステムが成立し存続してきたのです。武力による支配と統一は歴史上多く見られることから、これまではそれが統一するための唯一の選択肢だったかもしれません。武力によらない統一が歴史上実現していれば、現在の武力を根源とする人類社会はおそらく違った形になっていたでしょう。つまり、武力以外によって人類を統一するのは難しかったのです。言い換えれば、武力による統一は上からの統一の絶対的な選択肢として成立してきたことを歴史が証明しているのです。しかし、この手法の弊害は言うまでもありません。

したがって今日の私の話は、私たちはそれぞれ同じ地球を共有していながらそれぞれ「唯一無二の個性」を持つ一個体なのだという認識を共有し、そのことを基準に選択と実践をすることによってのみ、人類は衝突と対立をなくすことができるのではないかというものです。武力を用いずとも、「かけがえのない私」が成立し、そのような私とあなたが主体的に物事を実践していけば、世界は一つになりえるのではないか。この決定・遂行プロセスはこれまでとは異なる初めての挑戦である以上、完璧なものではないかもしれませんが、個人的には武力によるよりは優れた方法・手段であると確信しています。

2　何が個・個体を生み出すのか

では、何が私たちの唯一無二な個・個体を生み出すのでしょうか。これに関してはさまざまな考えをする人たちがいます。まず第一に、生まれついた外見的で先天的な違い―例えば、体力や肌の色、性別、顔つき、言語、宗教など―を用いて「私はお前と違う人間である」と言うことができます。しかし、地球上に存在する七六億の人間の身体に先天的に備わっている機能や能力は、世界の誰でも同じであり、そのような先天的なものは本質的な人間同士の差や個性をもたらさないと私は考えます。それにもかかわらず、そのような外見的なものを基準に自我・個性を測ろうとする勘違いが見受けられます。

第二に、物質や金、地位、権力、証書や資格などをもって他人との差を認識し、自他の区別を行い、個性を証明しようとする人がいます。しかし彼らは本や教科書に書かれた、もしくはインターネットで調べれば誰でも知ることができる知識を得ているに過ぎません。そして、そのような知識に基づき、他人と同じ選択・判断基準を持って同じ目的と結果を目指しています。何を目指しているかと言うと、それは「競争」と「普通」です。自分で考えることをしないので、今の社会で一般的な基準にしがみつき、従い、与えられたものをめぐり争うのです。これが現在の社会でよく見られる人間の行動形態です。もし皆様の中にこのような基準をお持ちの人がいらっしゃれば、大学生としては考え直したほうがいいでしょう。例えば、音楽の事例で言うならば、このような人は自分の音楽性ではなく、自分が使う楽器の値段やメーカーで自分の音楽を成立させ、他人との違いを議論します。人間の個性を担保する根源は、自らの基準に基づいた後天的努力による自我の形成です。そのような自我の結集により構成される社会こそ、人類の未来を創る唯一の世界的基準となるでしょう。そこには武力という選択肢はそもそも存在しないと私は確信しています。

人類の発展・進化は、個々人の後天的な行動と発見で創造されてきました。先人たちの発見と創造がなければ、現在の世界は存在していません。そのことから、大学生としての皆様が一人間として価値ある存在となれるかどうかは、新しい発見・発明によって世界や人類のさらなる進化を創造するための行動を創造できるかどうかで決まるといえるでしょう。

3　与えられた「五%」に上積みできるか

人類そのものは生まれつき宇宙から与えられた贈り物である一つの身体と先天的才能を備えています。その贈り物を使用し、選択と実践を行い、無限の才能・機能・本能を活かし、自然や地球、宇宙で生きる基盤を創造しなければなりません。言い換えれば、既に作られた現在の既存の社会に依存する人間になってはいけないということです。それは人類滅亡への第一歩の根源を作り出すことになります。既存の国家・民族・宗教などの上に自己の認知・認識を成立させ、それを徹底的に守りぬき唯一無二の「私」として死んでいく人生を選択することが可能な現在であるからこそ、もっと挑戦的な未知の世界を発見・創造するべきなのです。

一説によると、われわれは「宇宙の五%」しか知り得ていないそうです。つまり、人類の知はまだまだ完成などしていないということです。宇宙の五%しかわかっていない人類の知恵をもっと増やしていくことが、人類の行動目的・行動基準にならなければ、人類は滅亡するしかないのです。なぜなら誰かが新たな知恵を供給しない限り、既にわかっているものや既に与えられたものを巡る対立が生じ、結果として力を用いた奪い合いにつながるからです。先に述べたように国家が手段としてここに加わっていくのならば、なおさら世界全体の対立と衝突が繰り返されることになります。

私が所属している最先端をめぐる空間である学術の世界でも、そのような現象が既に当たり前になっています。先人が与えてくれた五％の知識の組み合わせだけでも、新しい論文として認められる世界になってしまっているため、五％を超える知恵の創造ができていないのが現実です。五％の知恵を組み合わせ、わかりきった選択肢のみを選び死んでいく人生もいいでしょう。しかしそれより「一％」でも上乗せできるような人生を創造するのが最も大事なことです。学術の世界で雑誌などに発表、出版されるいわゆる「論文」の数は膨大ですが、一％の上乗せをできる優れた論文はなぜ産まれないのでしょうか。今日ここにいる西九州大学の皆様は、絶対にそういう適当な「論文」を書くような人間にならないでください。是非「一％の発見」を創造してください。なぜなら、人類が五％の現在の知恵の発見を一〇〇％にすれば、人類は武力による行動を選択しないと思うからです。私の話に対し、一〇〇％でも武力は使用する、戦争もするという人は、本当は動物的満足でしか生きていけない、五％の過去の知識への依存型人間ではないでしょうか。

4　依存的人間とその種類

現在の大学教育は決まりきった内容を教えることを基本としていて、それは知識の暗記を繰り返す学習方法で多くが行われています。しかし、与えられた過去の知恵をいくら組み合わせたとしても、質的に新しいものを創造することは不可能です。例えば、豊富なメニューを誇るバイキング形式のレストランに行き、自分たちが好きなものを選んで上手にお皿に盛ってＳＮＳに投稿したところで、そ

れは自分で作ったものではありません。新たなメニューを工夫し料理を作る料理人がいなければ、い
ずれ限られた量の料理をめぐる争いが起き、最後には何も残らないのです。

言うまでもなく、人類の先人たちが住み慣れた環境を離れるほど挑戦的でなければ、現在の私たちは存在していません。先人たちが作った構造・世界の上に乗っかって生きる大学生は、大学生ではあるものの、唯一無二の個性を持った一人間ではありません。大学生はいくらでもいますし、表面的な差異―ルックス、身長、人種など―は傍から見れば「どうでもいい」ものだからです。自分にしかできない方法で何かを生み出すことを通じて、国家、社会、企業、家族、他人のために貢献できる人間となることが大切です。私たちが生まれてきた時に既にこのような世界が存在していたのだからその世界に依存してもいいという判断もあるでしょうが、なにかに依存して生きている限り、依存先をめぐる対立・衝突が問題の解決方法として採用される可能性は高くなります。その結果は人類の滅亡を呼び寄せることにつながります。皮膚の色、言語、国籍などの違いによるいじめ・偏見は、これらの依存型・絶対的無変化を基準とする社会では高い確率で起こりえます。それは創造的な生き方には本来は必要のない対立や争いといえるでしょう。

依存、それは現在の世界において絶対的基準になっているといえます。それでは依存にはどのようなパターンが存在するのか、動物の例で説明したいと思います。

第一に、「守ってもらう依存形態」です。例えば、メスのタコは一カ月間何も食べず、卵が孵化するまで守り続け、親ダコは卵の孵化後に死んでいきます。これは依存型生存の第一形態です。誰かに守っ

てもらわないと誕生も生存もできない現在の社会状況とも重なるところがあります。国家から、企業から、家族から、他人から守ってもらって生きる人たちに似ていませんか。以前このようなニュースを見たことがあります。ある登山者が地図も持たず、下山ルートも確認せずに登山し遭難した。その登山者は無事救助されたが、救助をしてくれた警察官から注意を受けたことに対し「態度が気に食わない」「悪気があって遭難したわけじゃない」とブログで不満を述べたそうです。誰かから守ってもらいながら、意に反することがあれば憤慨・批判する。それが本当に妥当なことなのか、真摯に考えて判断すべきではないでしょうか。

第二に、「他人を犠牲にする依存形態」があります。例えば、クモの一種に、孵化すると親グモの体を食べ、親グモの死によって子グモが生きるものがあります。誰かを死なせて、誰かを消滅させせないと生きていけない今の社会をみている感じを受けませんか。以前、自分が遊ぶ金のために祖父に年金を無心し続け、挙げ句の果てに殺してしまった事件がありました。遊ぶということ自体が依存であると同時に、祖父の年金に依存しているということで二重の依存型人間であることを確認できるでしょう。

自分が生きるためには、他人に依存し、それも自分を生み、成長させてくれた国家・社会・企業・家族・他人を犠牲にし、「食べて」生き延びることを可能とする依存型社会は依存型の人間や人生を作り出します。

第三に、「他人を利用・排除する生き方」があります。例えば、カッコウという鳥は他の種類の鳥のます。そんなことも知らずほかの鳥の卵を温めさせられるだけでも大変ですが、元の巣を作った鳥はさらに悲惨な目に遭います。孵化したカッコウの子鳥は、その他の卵を巣の外に捨てたり、他の孵化した子鳥を巣の外に追い出して死なせます。そうして独り占めした巣で、血が繋がらない親鳥から餌を貰い成長していきます。自らの生存手段を他人と共有せず独占するために、徹底的に他人を排除する依存型人間がいることと似ています。例えば、これもニュースで読んだのですが、ある国で潰れてしまった医科大学の学生の受け入れを同じ地域の医大が表明した。すると救済しようとした医大の学生たちは、そうすることで医者というポストをめぐる将来的な競争相手が増えることを嫌い、救済を提案した学長を辞めさせようとデモを行ったそうです。自らの努力を通して志を同じくする仲間と切磋琢磨し社会の発展を望むより、自分の生存のためには競争相手を排除したほうが早いという典型的な依存的考えです。このような人間が医者になったとしても患者のためになるとは思えません。皆様はこのようなお医者さんに診てもらいたいですか。

　時間があれば、以上の動物に関する内容をネット上の動画で確認してみてください。以上のことから言いたいのは何かといえば、社会にもこれと同じような人間が必ずいるということです。誰かに依存し、誰かを殺し、誰かを利用しないと生きていけない人間がいるということを言いたいのです。

　これらの人間に足りないものの一つが「私の私による」社会創造・貢献です。他に依存するくせにその依存が満たされなければ、その依存の母体である国家・社会・企業・教育などを痛烈に批判する人間をＴＶでもインターネットでも見かけます。他人が与えてくれた基準、既に存在する基準でしか批判できない人間に新しい発見などできるわけがありません。なぜでしょう。そこには「自我」というものがないからです。動物的な本能・欲望や過去の先人の基準、知識をあたかも自分が創造したかのように、経験や記憶、想像で組み合わせて表現するだけでは自分を創造できません。このような人たちは、欲望が満たされなければ武力を使用してでも自己満足に走るでしょう。武力はそのようにして使用されるのではないでしょうか。

5　依存型社会

社会は人間から成り立っているので、依存型人間が多ければ多いほど、その社会の質も依存をベースとしたものになります。現在の社会では自分が生まれた時から死ぬまで、果ては死んだ後にどこで火葬され、どこにどのような形で埋葬されるかまで全部知ることができる制度、環境が整えられています。どこでどのように生まれ育つと、費用はどれぐらいかかるかも知ることができます。死ぬ時も同じです。費用によってどこに眠ることができるかも知ることができます。生まれた後の成長過程も、幼稚園・義務教育・大学・大学院・就職という道がすでに決まっています。それを歩んできた人間であればあるほど、選択する基準・結果はびっくりするほど同じになります。他人が歩んだ道や他人が作った道を反復的に歩ませることこそが唯一の選択の道であり、一年一年新しい学生が来てもその道を歩ませることで成立する教育、それが現在の最高の選択肢とされています。

教える教員が変わっても、学ぶ学生が変わっても、教えている内容が同じであることに何か悲しみを感じないでしょうか。自分と自分の子どもがまったく同じ内容の教科書とカリキュラムで学ぶこと、それで成立する均一な教育が人類のために本来なるのか、私は疑問に思います。皆様はそのような教育による創造物ですが、ご自分でそのような教育が成功しているという実感はあるでしょうか。これを社会の変化だけで説明している教育者には何の共感を覚えることができないのは私だけでしょうか。いいたいことは、自我の選択なく既に作られた道を歩み、依存型人生を送るだけで人生が決まるというような未来では、一つの世界を共有することは絶対に無理だということです。依存型人間によって選択された政府が成立したとしましょう。それは依存型人間の基準を満たさない限り、次の選挙で政権を失うことは確実でしょうから、これらの政府は人類の発展よりも依存型人間の欲望を満たすことに焦点を置くことを大切にするでしょう。依存型社会に危惧の念を抱くのは私だけではないでしょう。依存型社会よりも「創造的社会」の方が人類を発展に導くと確信できるのです。

6　言語が持つ意味と意義

我々は他人と理解しあうのに言葉を使うことが多い。言葉は意志疎通の重要な手段です。しかし、一研究者として社会を構成する人々が話している言葉を観察すると、さまざまな問題を発見します。皆様に時間的余裕があれば、一番会話が上手で、面白く、その内容が深いと思う人の話を録音して分析してみてください。そうすると意外なことに、人によっては驚くほど内容に矛盾がたくさんあるだけでなく、他人の模倣・引用が多いことに気がつくでしょう。そのような人の話は、他人の行動・言葉から受け取った小さな自我の「偏見」や「知的レベル」によって話をするので、他人からの視点は存在せず、自分の「基準」が唯一、絶対的なものになっています。それがまた驚くことにどの国でも、どこかで聞いたようなありきたりな話や経験談、未来を語るだけの話、見て聞いた感想のみの話が流布しているのです。自分の成長と社会の発展という根本的で根源的、知的な言葉が含まれていることは圧倒的に少ないのです。

言葉は他人・他民族との交流の手段です。社交辞令のための無駄話だけでは、動物同士の毛づくろいと変わりません。他人の大事な時間や人生を無駄話を聞かせるために浪費させるのは迷惑行為です。このような話に対し、依存型の人間は「人は絶対に一人では生きていけない、だから他人がいないといけない、そのための無駄話は必要である」と言ってくるでしょう。私は日本語教育にも携わっています。しかし私の日本語教育の目的は建前の言語表現を教えることではありません。日本語は日本人にとっては生活全般を支える国語ですが、世界の日本語学習者からすれば「自分の意見を日本語で表現できる」ことに意味があります。そういう観点とそれに基づく実践があってこそ、日本語には「世界言語」としての意味や価値が備わってくるのではないでしょうか。自分の意見や気づき、社会、未来、国家などに必要不可欠な発明を、日本語で表現することが日本語を学ぶ目的の根幹にあります。

を模倣すればいいのです。しかし模倣すればいいというような認識の持ち主は、日本社会や日本の未来、日本の仲間たちに有為なことを何ももたらさず、時間の浪費をもたらすだけでしょう。すなわち、言葉には、一人ひとりの成長や発見を助け、それを他者と分かち合う世界言語としての役割がなければ、世界的な共同体を構成する言葉・言語としてはそもそも成立しないでしょう。

未来の人類のための創造的知識を発見・発明していくことが教育であるとすれば、言葉という手段は必要不可欠です。そして世界言語は異なる言語話者間での対立・衝突を低減させる機能を果たすでしょう。世界で信頼関係や協力関係を構築していくために世界言語を成立させる言語教育・言葉の教育こそが求められているのです。

自己の知的発見に基づいて自らの考えを発信することが絶対条件として求められる社会・世界がおそらくすぐに到来するでしょう。そうした社会・世界では、「価値ある信頼関係・協力関係を促進する交流言語」が求められます。そのため、日本語で自己の発見や発明を表現することが日本語教育には求められています。その意味で、世界言語としての日本語教育を実現するのが私の使命と考えています。世界中の人々が日本語を学ぶ中で自己を創造していき、自分の現時点での発見、創造、発明を日本語を通じて日本社会・日本の仲間と共有しつつ、協力していくこと、それが人類の知を創造・確立する唯一の日本語教育ではないかと考えています。日本人の日本語を真似させ暗記させる日本語教育、それも試験対策としての日本語教育では、未来に向かって人類的価値を全く生み出すことはできません。言葉は「自己の発見・創造・価値の表現」を伝達することを可能にするからこそ価値があり、未来の世界の根幹を創造します。「人類の価値・成功・幸福を創造」することになるからこそ意義があるのです。

7 必要な基準と価値

これから皆様は、大学や社会で多くの人と出会うでしょうから、人を見る一つの基準をお話ししたいと思います。「自分が知っていること、本に書いてあること、過去の経験、TV・小説・映画などの話だけをする人間」に出会ったら早めに関係を絶つ方が無駄な時間や浪費をなくすことができます。最高水準の人間は自身が最近発見したことしか表現しません。このような表現をする人間のみが、信頼関係を未来に向かって相互に創造できる人間です。過去の話だけをする人間は、現時点では価値がないでしょう。過去の名誉・証書・博士号のことをいまだに偉そうに自慢している人間もいます。それはそれで結構ですが、そのような話は若いあなたたちの成長には全く無意味な自慢話に過ぎません。なぜなら、昔の名誉で現在も自分を担保し、人脈で人間を選別することは、世界の変化すなわち新しい世界が見えていないということになります。就職後、研究努力を疎かにし、学問水準が停滞したままの大学教授として生き続けている「偽研究者」はいくらでもいます。皆様の成長のためにも、人生を無駄にしないためにも、これらの「偽研究者」を見抜いてください。最高の伯楽・師匠と出会い、未知の世界を創造していくことを始めてください。そのような大学生こそが、「永遠に貢献できる最高の唯一無二の人財」になることでしょう。

8　実践について

最後に実践について話をしましょう。「アジア共同体の創成」とは、すなわち新しいものを創ることです。未来の人類社会は、実践的な行動を通してのみ実現できます。現在に至るまでワンアジア財団は、世界の大学や大学の先生たちと共に講座を準備・設計し、またその目的などを実践的かつ積極的に議論してきました。なぜならば、未来志向ではない人間活動は、必ず不安定な社会を創造し、武力衝突の時代を招くからです。つまり、アジア共同体はこれからの人類の未来志向の実践活動に依拠したものでなければ、一国家・一民族・一宗教・一財団を利するものになりかねません。

社会において表層だけの虚構に基づいた見せかけのパフォーマンスが評価される時代はもうすぐ終わるでしょう。これからの二一世紀は本物の実力で勝負する時代です。なぜなら、人工知能（ＡＩ）の発達により、本物と偽物、能力の高低が容易に判別されるだけでなく、五％の知識の組み合わせによるアウトプットは人工知能の仕事になるからです。次々と新しい世界を創造していく人間と、現在の五％の知識を組み合わせることしかできない人間、その両者がはっきりと区分けされることになります。未来の人類社会では、「自分自身で創造していけるかどうか」が唯一の評価基準となるでしょう。

見せかけだけの表現が評価される時代は終わり、新しい創造をすることが社会基準になる二一世紀は、人類がこれまで以上に知的生産を増大させる時代になるでしょう。自らの全力を傾け、世界のために新しい世界を創造しようとする実践的行動によって、「人類社会が共有できる共同体」が創設されるでしょう。

最後に、以下の言葉をもって締めくくりたいと思います。現在の世界の状況をつかめる人間になってください。現在の世界の変化を理解できる人間になってください。現在の世界動向を無視する人間に絶対にならないでください。なぜなら、大学生としてだけでなく、人生を生きる者として現在の世界動向が見えなくなれば、依存型人間になるしかないからです。現在の変化を理解できなければ、変化に適応することができません。現在の世界を無視すれば遅れをとることになります。世界、国家、企業、家族、そして他者にあなたが貢献できるチャンスが少なくなるということです。

これからの二一世紀には、世界の主導権争いが激化していくでしょう。しかしいくら激化したからといって、それが上からの武力によるものなのか、「下からの国民の自我・個・個体の創造」によるものかその選択が重要になってきます。なぜなら、武力による世界統一が実現したとしても、自我・個・個体の成立なしにはいつかまた分裂が起こるからです。世界の共有・共存・共栄は自我・個・個体の成立なしには絶対的にありえません。これからはどこかの国家・地域が自我・個・個体を成立させることができれば、世界をリードするだけでなく、最も評価され、欠くことのできない国家・地域になると確信します。その意味で「現在の世界を明瞭に見据え、選択し、全力で実践できる自我・個・個体を創造する一国家・地域が成立すれば、共同体そのものが設立されるのは時間の問題となります。

時間になりました。この場を借りてお礼を申し上げたい人がいます。川野宏平先生（中国・安徽農業大学）、ありがとうございます。

（金　哲）

第7章　アジアコミュニティの可能性と条件

――政治学の視座から問う――

アジアにおいては「二〇世紀」が終わっていない。第二次世界大戦に原因をもつ朝鮮半島の分断国家間の戦争（朝鮮戦争）は休戦中であり、現在も戦争は終結していない。それどころか最近は戦火の再燃や核戦争の危機（ケリー元米国防長官など）さえささやかれている。そのような危機をはらみながらもアジアは全体として力をつけてきた。「アジアは一つ」（岡倉天心）という言葉があるが、現状はどうだろう。コミュニティとは、一定の地域に居住し、共属感情をもつ人々の集団、地域社会、共同体を指す言葉である。

アジアコミュニティ、なかでも「東アジア共同体」の展望はどうか。当面する危機と喫緊の課題の解決は「東アジア共同体」の成立が鍵であり、今日の危機もその成立を促すことになると考えているが、どうしてそうなるのか。その可能性と条件を明らかにしたい。その場合好き嫌いではなく、客観的事実を重視して、比較の観点もいれて見ていく必要があると思う。

1 日本近現代史の一五〇年

明治維新から一五〇年になるが、日本は近代化に成功し、アジアのなかで唯一の近代国家となった。しかしそれはアジア諸国やアジアの民衆と連帯する道ではなくて、西欧並みの帝国主義国としての近代化の道をばく進した。これはアジアの側から見ると、古代から日本に文化などを伝えてきた「兄貴分」に「弟分」がけんかを売り、恩を仇で返した。そんな構図として捉えられている。さらに日本が引き起こしたアジア・太平洋戦争は、アジア全域で二〇〇〇万人、日本人だけでも三一〇万人以上にのぼる死者をだした。これが「脱亜入欧」、アジアから脱して欧米に入るということの結果であった。

私は一九四四年（昭和一九年）一〇月に中国東北部・大連で生まれた。三歳までいて母の実家のあった大分県臼杵に引き揚げた。私の父親は大分県で旧制中学の英語の先生をしていたが、戦時中、英語教師には実質的なリストラがあった。それで実家のあった大連に引き揚げ、一九四五年（昭和二〇年）五月、あと三カ月で敗戦というときに、「満洲総動員」で召集され、年齢は四〇歳直前であった。その後ソ連の参戦があって、シベリアに抑留された。零下二十何度という環境には耐えられなかった。最初の冬一九四五年一〇月、父親は死亡した（正式な県知事の通知が来たのは約一〇年後）。我が家でいえば、「植民一世」は一九一一年（明治四四年）に大分県から関東州大連に渡った祖父母であり、大連で育った父や母が「植民二世」、私は「植民三世」である。「植民三世」として大日本帝国の「植民地主義」支配の存も問題性を伝える責任があると自覚している。

戦後、「脱亜入欧」が米に代わって「脱亜入米」となった。アメリカは近現代史上最大・最強の帝国主義国家といえよう。長期間にわたって、日本はアメリカの言うとおりにしておけば間違いがないと考えられてきた。それは一面ではアメリカの日本に対する支配（覇権）であり、他面では自発的従属である。「日米同盟至上主義」がそれである。今日でも日米同盟強化論が叫ばれている。だがそういう行き方が通用しなくなってきたのが現在である。トランプ大統領の登場は、グローバル資本主義の行き詰まりとアメリカの世界的覇権の相対的衰退を象徴する。いろんな形で国際環境は変わってきており、国際政治の主体も大国中心から中小国や国際社会の民衆へと変化しつつあるが、客観的に見ると日本が日米同盟オンリーで進むならば、ともすれば国際的な孤立の危険性さえあるといえる。今こそどんな選択が必要なのかという岐路に立たされている。

2 アジアの変化

(1) 脱冷戦

世界で冷戦が一九九〇年代初頭まで続いた。冷戦は「米ソのイデオロギー」対決であった。ヨーロッパでは「冷戦」だったが、アジアでは「熱戦」だった。朝鮮、中国、ベトナム、分断国家が「熱戦」を繰り広げたのがアジアの実像である。戦争（あるいは武力紛争）を伴いながら冷戦がアジアでは展開していったのだが、そのアジアにおいても脱冷戦の時期が来た。(2)今までの対立と紛争のアジアが、和解と協力のアジアへと一歩を踏み出す時期が来たのである。

「私はドイツ統一の望みを、一度として棄てたことはありません。しかし、私が生きている間にそれが実現するとは、一度として考えたことがなかったのです。」(西ドイツのヴァイツゼッカー大統領)。これはヨーロッパのドイツ統一時の話であるが、アジアにおいても同じである。「一生、北の地を踏むことはできないと思っていました。」(韓国の金大中大統領)。二〇〇〇年六月に朝鮮半島南北首脳会談、南北和解への初めての方向が開かれた。

フィリピンのマルコス政権の崩壊、台湾の民主化、インドネシアのスハルト政権の崩壊など権威主義的な「開発独裁体制」が崩壊した。それ以前はいずれも軍事独裁政権だった。人権状況で言えば、今の北朝鮮で言われていることは全部以前の韓国にも通用していた。一九六八年、「韓国大学人の時局宣言」が韓国で出た。このなかでは韓国の人権も民主主義もない現状が切々と訴えられていた。当時の私を含めて多くの人は、本当に韓国に民主主義の風が吹く日が来るのだろうかと思った。しかし民主化闘争の結果、今の自由な韓国がある。いかに権力的に強そうに見えても、そう長くは続かない。韓国はソウルオリンピック(一九八八年)があり、外からの目も厳しくて、「無血民主革命」が進展した。

そういう時代にあって「東アジア共同体」の構想が日本やアジアのいろんなところで出てきた。

(2) 東アジア共同体の構想

日本でも、小泉純一郎首相が「東アジア共同体」構想を出した。彼は日朝協議にも応じて、日朝関係改善に向けて具体的に行動した。それを一番はっきり出したのが、民主党政権の鳩山由紀夫（友紀夫）首相である。彼は普天間基地の「国外、少なくとも県外」への移転を目指した。それと同時に「東アジア共同体」を提唱した。彼の東アジア共同体が、アメリカを除くものと誤解された。本当は違っていて、日米機軸を前提にして、アメリカを排除するものでない共同体を提案したのだが、事前の準備不足もあり、全体として「東アジア共同体」の方向に流れるのをアメリカが阻止にかかってきた。国内では「鳩山おろし」が一気に吹き荒れた。日本の外務省、日本の官僚、はては民主党の党内からも出てきた。「鳩山おろし」で鳩山退陣後、日本政府は「東アジア共同体」について一切言わないようになった。しかし、それでもアジア地域統合は実態として進んできた。

(3) ASEAN共同体

一般的に、共同体ができる条件というのは、共通のリスクや脅威があるとき、それに立ち向かう、共通の利益があるとき、そして共通の文化に目覚めるときである。そのようなときにアジア地域統合は進むのである。

一九九七年、アジア通貨危機があった。アジア通貨危機は、グローバル金融資本の引き起こしたものである。これは稲田を食い尽くすイナゴの大群みたいなものである。うまみのあるところが狙われたが、タイのバーツがそれであった。狙われたのは東南アジア諸国連合（ＡＳＥＡＮ）の諸国だが、アジア通貨危機を契機として「金融共同体」に近いものができた。ＡＳＥＡＮというのは小国が一〇カ国集まっているが、この小国はどういう国々なのか。今まで戦争、紛争、貧困、格差、それらが渦巻いていたところであった。だから、ＡＳＥＡＮは、ＴＡＣという平和友好条約で戦争をしない、つまり、ＥＵ小型版平和共同体をがっちりつくって、日本も韓国も中国も一緒にやりませんかと誘っている。その構成国の一つであるベトナムはアメリカに戦争で勝った国である。同時に中国にも勝った。今日では「全方位外交」を展開している。血みどろの争いをしながらも、もうやめておこうとなったのがＡＳＥＡＮである。だから、ＡＳＥＡＮの一〇カ国は、戦争はごめんの不戦共同体をつくっている。こういう動きが着々として進んでいる。経済的にも決して強くない国々が一つの集合体を作り、アメリカや中国とも交渉できるようになった。大国といえども、一目置かざるを得ない。[3]

　ＡＳＥＡＮ諸国は、二〇一五年にＡＳＥＡＮ共同体の設立を宣言し、核・大量破壊兵器のない地域を目指し、紛争を平和的手段で解決することなどを、「ＡＳＥＡＮ共同体ビジョン２０２５」として示した。

　アジア全体の力がどれだけ上がっているか。進藤榮一の『アジア力の世紀』（岩波新書、二〇一三年）はいろいろな指標をあげながら、「日中韓とＡＳＥＡＮを軸に、アジア諸国間の経済通商上の相互補完――と相互依存――関係は、冷戦終結以前と、比較にならぬほど緊密化し、『大アジア力の世紀』を登場させている」（同二六ページ）。例えば日本の対外輸出における二%に縮小し、逆に対中輸出は一%から二二・二%（二〇一〇年）となり、総体としてアジアへの輸出依存度を高め、アジア経済との一体化の動きを強めている、と指摘している。

圧倒的に西から東に力は動いてきている。そして急増するアジア中間層。つまり、今までは徹底的に貧しかった、そして人口だけ多かった層が、人口が多いというところも力になって、一人一台の車を買える層になってきている。

3 アメリカと日本・アジア

パクス・アメリカーナ、アメリカが支配する平和、秩序がある。パクス・アシアーナ、アジア全体が台頭してきている。これはパラダイムの転換というべき現象だろう。アメリカは「リバランス戦略」を展開しているが、これは日本を徹底的に使って、これからは日本の市場も奪って、本当の競争相手にするということである。『日米新ガイドライン』を二〇一五年に策定し、集団的自衛権行使を約束して安倍首相はアメリカで大歓迎を受けた。そして、その約束を果たすために安保関連法をつくった。日米新ガイドラインには、中国の脅威にたいする島嶼防衛についてどう書いてあるのか。主として島嶼防衛は日本側が担当すると書いてある。米軍は必要があれば支援に行くが、必要がないと思えば支援しない。だから、日中がぶつかったときに、アメリカが当然助けに来ると日本人の多くが思っているけれど、来ない場合もある。それは米中が本当に対決する気はないからである。これだけ大きくなっている中国、インド、その他のアジアの市場を捨てて戦ってみて何か展望があるか。先ほどのアジアの中間層、一人一台車が買える層が、どのぐらい出てきているのか。二〇億人である。二〇億人を捨ててしまうようなことはしない。

(1) 日本人の悪いクセ(既往症)

日本の若者のなかにはガツンとやるくらいの軍事力がほしいという人がいる。しかし、やった後どうするのか。ガツンとやれば相手が引っ込む。そう思いこむのは日本の「悪いクセ」だ。一九四〇年代の日米戦争にしてもアメリカと戦うのに、サンフランシスコ攻略作戦、ワシントン攻略作戦とかあったのか(全くなし)。六カ月〜一年間暴れてみせた後に、講和とか手打ちがうまくいかない場合はどうするのか、アメリカがここら辺で手を打つ「はず」だということでしょう。ドイツはソ連を敗北させる「はず」になっていた。その「はず」が外れた後は、「一億総特攻」、一億人が死ぬなんていうのは相手が望んでいることです。それを政府のスローガンにするなんて狂気の沙汰である。このような考え方に流され易いのは、日本人の「既往症」であり、これからも罹り易い病気であることに充分な注意が必要である。

戦後七〇年以上が経過し、「アジア力の世紀」が到来したなかで、東アジアの地域統合を妨げているものに、「北朝鮮脅威論」と「中国脅威論」がある。その内実を少し探ってみたい。

「朝鮮半島危機」は一触即発の緊張状態が続いている。アメリカと北朝鮮はいつ軍事衝突を起こしても不思議ではない。北朝鮮とアメリカ、韓国、日本が感じている脅威は不均衡である。どっちが大きな脅威を感じているかというと、北朝鮮である。朝鮮戦争時にも原爆使用を主張した最高司令官マッカーサーを大統領トルーマンが罷免した。当時から今日に至るまで核兵器による威嚇は続いている。

北朝鮮は徹底的な脅威にさらされている、と自らを捉えている。毎年の米韓軍事演習は北朝鮮の危険を事前に防ぐとして展開されてきた。九四年に発動されかけた「北朝鮮壊滅作戦」の新しい版を展開している。九四年のときは、①ぎりぎりで金日成が、カーター元大統領に来てもらって、米朝合意に道を開いた。②韓国が猛反対した。自分たちが一番被害を受けるのに、国際政治の駒のように使われるのはいやだとアメリカの攻撃計画を国会でばらしてしまった。③アメリカが単独で行動した場合、日本の支援準備がまだできていない、といった要因で現実のものとはならなかった。しかし変化した条件のもとで、金正恩の寝首をかく「斬首作戦」、などを毎年きっちりやっているわけである。

北朝鮮から見ると、フセインは、アメリカの指示どおりに全部大量破壊兵器を捨ててしまい、原爆も持っていなかった。カダフィは核開発を放棄したからやられた。つまり北朝鮮は「第二のイラクやリビアになる」ことを恐れている。核兵器を持っていなければたやすくやられるという教訓を北は得ている。同時に、こっちのほうが得ですよというものを、制裁だけではなく提示する必要がある。それはどの独裁者でも自分が生き残ろうとすればそういう方向にのる可能性がある。北朝鮮は朝鮮戦争の完全な終結と自国体制の安全の保障を要求して、国家消滅や体制崩壊の恐怖に苛まれることなく経済建設に励める道を模索しているのだ。全部絞め上げて徹底的にやればどうかなるとはいえない。そういうことになれば、最後の攻撃ということもないとはいえない。今後、予想外の二転三転の展開もありうる。

(3) 中国脅威論、

中国の台頭、大国化は著しい。そして日本と中国は尖閣諸島をめぐる領土問題を抱えている。中国は尖閣諸島を取ろうとしていると日本のかなりの人々が考えている。しかし尖閣に命をかけるほどの価値を中国は置いていない。誰も住んでいなくて海底資源があると言っても、共同開発すればいいだけの話である。日中国交正常化交渉の際に尖閣諸島の「棚上げ論」で妥結したのが真相だろう。中国側のリーダーは解決を次世代に委ねると表明した。それまでは現状を維持する、即ち日本の「実効支配」を認めるという大幅譲歩であった。これが本当の姿で、日本が「国有化」を宣言したため、いわゆる日本の「領海侵犯」行為をしないと、中国も認めているじゃないのという理屈になるから、上海総隊のなかの三つの部隊が順番で繰り返し侵入という行動をする。要するに、昔みたいに「棚上げ」を狙っている。田中角栄は、暗に棚上げを認めた。日本で領海侵入というニュースがぴったり報道されない期間があった。なぜ報道されなかったかというと、イギリス外務省が、サッチャー首相が日本

めるまでは一切ニュースが流れなかった。もちろん大国・中国の台頭には日本がきちっと対応する必要があるし、「脅威」が全然ないなどと私は思わないが、客観的には日本が作りだした問題という側面もあることに注意する必要がある。

4　日本の役割

東アジアの地域統合は、これまで見てきたように、グローバルリズム（金融資本主義、カジノ資本主義）の弊害から自己を防衛しようというＡＳＥＡＮ諸国の動きから始まり、拡大した。アジアにおいて、アメリカは、崩れゆく「パックス・アメリカーナ」を守ろうとして日本などを動員し懸命になっている。他方、中国はアメリカに代わって「パックス・シニカ」（大中華圏）の形成を夢見ている。この二つの流れが激しくぶつかっているのが東アジアである。どちらかの言いなりになるのでなく、中小の主権国家が多様性をもったまま集合体として、共同体を構築しようというのが「東アシア共同体」構想である。「共同体」といっても内容的にはさまざまであろうし、そこへの道もジグザグであろう。

日本のなかで戦争と国家の暴力に対して一番実態を知っているのは沖縄である。だから、平和への願いがより強い。対話と交流の場となりうる可能性は、琉球王国のころからある。そして最近は、自己決定でもって日本とアメリカの「植民地主義」と決別をしていこうとする動きを見せ始めている。

【注】

（1）引き揚げ体験が、苦労話としてだけ語られるとき大日本帝国の植民地支配の「加害性」を忘れさせ、「被害者」経験として記憶される効果をもたらした。

（2）「冷戦」の終焉が核戦争で終わらなかったことに当時多くの人が胸をなでおろしたが、核戦争を阻止できた要因としては一九八〇年代の世界的反核運動の影響が大きかったと考える。

（3）一九七七年、当時の福田赳夫首相は外交原則として、日本は軍事大国にならない、ＡＳＥＡＮと「心と心の触れ合う」関係を構築する、そして日本とＡＳＥＡＮは対等なパートナーである、とする「福田ドクトリン」を発表した。

（石川捷治）

第8章　グローバルトレンドと日本のアジア外交政策

1　日本のアジア外交の流れ

私は八年間佐賀に在住し、アジア関係を追究してきた。その後、名古屋に移った後もアジアに関与し続け今日に至っている。九州において、市民レベルを巻き込んだ「アジア研究」が非常に積極的に行われているというので、名古屋でも刺激を受けている。佐賀に負けないように、東南アジアでの私の体験なども生かしながら、今日のテーマに迫りたい。

日本と東南アジアの関係がこれまでどうであったのか、そして今、どういう問題を抱えていて、今後どうすればいいのかを中心に少しわかりやすく説明していきたい。

「グローバルトレンドと日本のアジア外交政策」については、戦後アジア外交の展開、自主外交とアジア、という二つの大きな方向性から、これまでの歴史をまとめることができる。

日本のアジア外交には、二つの大きな流れがある。第一は戦後アジア外交の出発点となったものである。その後、自主外交としてのアジアという第二の流れが起こった。さらに二一世紀になりグローバル化が進む中で、日本のアジア外交も二つの意味で大きく変化している。一つ目が、「グローバル化の進展とアジア外交の変容」であり、日本のこれまでの自主外交とアジアという流れは変更を余儀なくされていく。二つ目は、「グローバル化の進展と東アジア共同体」というように、地域が重要視されるようになった。日本はもっとアジアに関与していくべきで、アメリカ一辺倒ではいけないという考えがグローバル化の進展とともに起こってくる。そこで以下では、グローバル化の進展と日本のアジア外交がどう変わってきて、今どういう問題を抱えているのかを述べて、その課題をまとめたい。そして、今後、こうあるべきだという、個人的提言をして、皆さんに考えていただきたい。

結論を先に言うと、今の安倍外交はうまくいかない。グローバルトレンドの要求するものに逆行している。もう一度、いま第二の流れとして述べた自主外交とアジアという原点に戻ったアジア外交を展開していかないと、日本のアジア外交は失敗する。これは皆さんに強く訴えたいことである。

第一の「戦後アジア外交の展開」が、日本のアジア外交の出発点となっている。これが日本外交の基調となり、未だにその路線は変わっていない。戦後、日本はアメリカの占領期の中で国づくりをしていくが、その出発点は一九五二年である。アメリカの占領期が終わった年である。その前年にサンフランシスコ講和会議が開かれ、日本の戦後のあり方が日米の間で合意され、これが日本の歩むべき道だと規定される。それに基づいて、日本は一九五二年以降、戦後処理をして、アジアに戻っていくことになる。

では、日本をどうやって守るか、アジアをどうやって守るかというときに合意されたことを、国際関係の専門用語で「ハブ・アンド・スポークス体制」という。自転車のタイヤを思い起こすと真ん中に軸があるが、これをハブという。ハブとタイヤをつないでいる金属線があるが、これをスポークスという。ハブがアメリカで、スポークスはアメリカの同盟国を指す。ですので、一九五一年のサンフランシスコ講和会議では、アメリカの同盟国がスポークスとしての役割を期待される。

日本とアメリカは、日米安保条約を結ぶ。アメリカと韓国、アメリカと台湾も防衛条約を締結する。日本が早期独立する要因となったのは、朝鮮戦争の勃発である。一九五〇年に起こった北朝鮮と韓国間の戦争である。その結果、アメリカは韓国を守るために日本を早期独立させた。アメリカがアジアの安全を守っていくためにスポークスとしての同盟国を形成したわけである。日本、韓国、台湾、タイ、フィリピン、そしてオーストラリア、ニュージーランドの七カ国がそれにあたる。アメリカが中心となってスポークスとしての同盟国がしっかりアメリカの政策を支えてアジアの安定を維持していくのが「ハブ・スポークス型安全保障体制」となる。これがサンフランシスコ体制と言われているゆえんである。一九五二年の出発点であり、日本はこれに基づいてアジア外交を展開することになる。

このサンフランシスコ体制を象徴する形で出てきたのが、「吉田ドクトリン」と呼ばれるものである。吉田茂首相は長期にわたって政権を維持するが、「日本は戦争で負けたが、外交で勝つ」と言って日本を経済大国にしたのが吉田茂首相である。「欧米諸国に負けない日本づくりをする」、それは「経済発展でそれを実現する」ということで出てきたのが吉田ドクトリンであり、日本の戦後アジア外交を規定していくことになる。ですから、日本のアジア外交の出発点は吉田ドクトリンであると言っても間違いではない。

吉田ドクトリンは三つの原則で構成されている。第一番目は「軽武装」である。日本は必要でない軍事費にお金を余り使わない。そのかわり、そのお金は経済発展に使っていく。日本の安全はどう守るのかというと、アメリカに依存して守ってもらう。そのために日本は犠牲を余儀なくされ、基地を設ける。とくに沖縄の基地はアジアに近いところにあるので重要である。いまだにアメリカの基地で沖縄は苦しめられているが、その出発点はここにある。日本は軽武装でいく。アメリカに基地を置いてもらって日本を守ってもらう。そのかわり、そこで余るお金を経済発展に仕向けていく。これで日本は欧米諸国に追いつくという、欧米志向型のアジア外交の特徴を吉田ドクトリンは持っている。

第二番目が「経済第一主義」と呼ばれているもので、これは「経済外交」という、日本独特な外交内容になっていく。日本外交は、すべて日本の経済発展に向けられていくようになる。それが経済第一主義である。第三番目が「政経分離」という考え方である。政治と経済を別にする。政治的な問題に日本が関与すると、日本の経済発展が妨げられるという考えである。政治問題や地域紛争に首を突っ込むと日本の製品が売れなくなる。イスラエルとアラブ諸国が喧嘩をしている。日本はずっとイスラエルを支持してきたが、政治的関与をすると、アラブ諸国から日本製品を買ってもらえない。だから、経済だけに集中して政治問題には首を出さない。一方の肩を持つと、必ず敵をつくって商売ができなくくなるので、政経分離で、政治的な役割は一切しない。

結論的に言えば、アジア支援をてこに日本は経済大国になっていく。これが欧米志向のアジア外交と言われるゆえんである。日米同盟を基軸としたアジア外交である。日米が一九五一年のサンフランシスコ講和会議のときに合意したものを吉田首相は忠実に実行し、アジア資源を利用して日本は経済大国になっていく。一九六四年の東京オリンピックがそれを象徴している。一九六八年ぐらいにドイツを抜いて、日本は世界第二位の経済大国になった。まさに吉田ドクトリンが大きな成果を生んだのである。

ところが、それは長続きしない。第二の「自主外交とアジア」になる。自主外交とは、アメリカ依存型の外交をやめ、自分で考え、決めて、展開していくものである。それは、一九七〇年代に入って少しずつ理解されるようになる。なぜかというと、吉田ドクトリンの第二原則の経済第一主義、経済外交が見事失敗に終わったからである。

失敗に最も影響したのが一九七一年に起こったニクソン・ショックである。なぜショックと日本が感じたかというと、同盟国である日本の期待を裏切って、アメリカは一方的に外交方針を変更した。どういう変更をしたかというと、これまでは共産主義との戦いで日米が協力して中国に対抗してきたが、アメリカはニクソン政権のとき、日本に相談することなく、中国を認めて正常化を一方的にした。「ああ、アメリカは同盟国を無視してでも自分の都合のいい政策を追求するんだ」、過剰なアメリカ依存はだめなことを、このニクソン・ショックで日本は学習する。これまでは対米依存で、アメリカに追随した外交を展開して経済を発展させてきたが、それが一九七〇年代に入って難しくなった。そのきっかけを作ったのが一九七一年のニクソン・ショックである。

もう一つが、東南アジア各地で反日運動が起きたことである。一番象徴的なことが、ニクソン・ショック直後の一九七二年にバンコクで起きた。日本商品のボイコット運動という反日運動がタイで始まったのである。日本商品の不買運動が東南アジアで起こったことは、日本政府にとってもショッキングな出来事であった。タイは気がつくと日本商品で溢れている。タイ製品はどこにあるのかという不安が反日運動につながったと言われている。

日本は戦争で悪いことをして償いをしなくてはいけないのに、賠償問題などをてこにして、日本製品が東南アジア諸国にあふれる状況になっている。戦後処理から利益を得ているのは、東南アジア諸国ではなく日本だとされ、見直しが迫られることになる。

一番ダメージが大きかったのは、一九七四年に当時の田中角栄首相がＡＳＥＡＮ五カ国すべてを歴訪したときのことである。至るところで反日運動が起こった。「田中首相帰れ」「日本企業はもう帰れ」という反日運動に見舞われてしまう。田中首相は逃げるような形で日本に帰ってきて、東南アジアの反日運動の深刻さを認識したと言われている。吉田ドクトリンは、日本を大国化するためには非常によかったが、それは日本だけのためのものであって、東南アジア諸国はある意味犠牲にされてきた。これを早急に是正することが迫られた。アメリカに依存することが難しいこともニクソン・ショックで明らかになったので、自主外交ということになった。

一九七六年に福田赳夫首相が誕生し、翌年に「福田ドクトリン」が発表された。このドクトリンの中の「日本」、日本だけが利益を得るようなアジア外交ではいけないという反省のもと、アメリカに依存しないで、自主外交として日本のアジア外交を展開する強い意志がこの福田ドクトリンにはあらわれている。

福田ドクトリンには「三原則」があり、一つは「平和に撤し軍事大国にならない」という原則である。これを吉田ドクトリンと比較してみるとおもしろい。福田首相へのインタビューで私も確認したが、吉田ドクトリンの第一原則、軽武装とは違う。それを意識したものではあるが、「日本は軽武装はしないけれども、やめるんだけれども、でも決して軍事大国になりません。安心してください」というのが第一のメッセージである。

第二が「東南アジアの国々との間に真の友人として心と心が触れ合う相互信頼関係を築き上げる」ことである。「心と心の通う関係を築く」ことが、吉田ドクトリンの第二原則を乗り越える政策として出された。その第二の原則は経済だけでなく、社会、文化的な交流をして、人々の理解を得るような外交をしていくものである。

第三は、「対等な協力者の立場」に立つことである。ここで「ＡＳＥＡＮ」という言葉が初めて使われた。日本のアジア外交の中で、ＡＳＥＡＮの重要性を強調した最初のドクトリンである。アメリカ依存をやめて、ＡＳＥＡＮとともにアジア外交を展開していこう、ＡＳＥＡＮが自主外交の要であることがこの福田ドクトリンで明らかにされた。

重要なのは、その最後に記された「インドシナ諸国との間には相互理解に基づく関係の醸成をはかり、もって東南アジア全域の平和と繁栄の構築に寄与する」という考えである。これはＡＳＥＡＮ諸国とまだＡＳＥＡＮに加盟していないインドシナ諸国との関係の橋渡しをしていくため、日本は地域問題に関与して政治的な役割を積極的に演じていきますと、吉田ドクトリンの第三原則を乗り越えるために出されたものである。

　吉田ドクトリンの三原則と福田ドクトリンの三原則は対照的になっていて、二つの外交基調がここでそろったことになる。一つ目は、「吉田ドクトリンに基づくアメリカ依存型のアジア外交」、二つ目は、「福田ドクトリンに代表されるアメリカに依存しない自主的なアジア外交」である。それを「ＡＳＥＡＮ中心でいきましょう」と言ったのが福田首相であった。

　日本政府はこれを自主外交の重要性という意味で継続していく。日本は、一〇年ごとに新しいアジア外交のドクトリンを発表していく。一九八七年に竹下ドクトリン、一九九七年に橋本ドクトリンが発表されて、おのおのの詳しい内容には触れないが、ＡＳＥＡＮを中心とした自主外交を日本が展開していく意思表示をする。なぜ一〇年ごとに出されたかというと、ＡＳＥＡＮは一〇年ごとにサミットを開いてＡＳＥＡＮ外交を決定しているので、日本はそれに合わせる形で、ＡＳＥＡＮをこれからの一〇年間も支援していきますとドクトリンを発表することが継続されることになった。一〇年ごとにＡＳＥＡＮ中心型の日本アジア外交が展開されることが重要なところである。そして、二〇〇七年が次のドクトリンの契機になった。しかし実はこれがうまくいかなかった。

紀に入って大きく国際環境が変わり、グローバリズムという現象に影響されたからである。グローバリズムが否応なしにアジアに押し寄せて、いろんな意味で地域関係を変えようとした。それに合わせて各国の外交も変わっていく中で、二〇〇七年の新ドクトリン発表の機会を日本は失っていくことになる。

どういうグローバルトレンドが影響したかというと、二つの大きな要因がある。一つは、中国の台頭と小泉外交である。日本は、戦後処理の一環として中国を援助し、経済発展も支えていくことをした。中国はみずから賠償を放棄した。日本は賠償金を払っていない。その代わり、しっかりと中国を経済的にサポートしていくことで日中関係はうまくいっていたが、それが小泉純一郎首相のときに変わった。

なぜ変わったかについては多様な説がある。中国の台頭、中国が経済発展ゆえに大国化していく。それは必ずしも日本の利益にならないのではないかという脅威感が出てきた。中国が余りにも大国化していくと、中国に支配された地域が出現して、それに日本は従わざるを得ないのではないかという恐怖感である。それが小泉首相を動かして、二〇〇一年以降、新たなアジア外交が決定された。

小泉政権に関してはいろんな書物が出ているので、これ以上、繰り返さない。『NOと言える日本』と『外交を喧嘩にした男』とが有名な本である。外交を喧嘩にした男が小泉首相である。日本人であれば、何が起こったかはもう知っていると思う。靖国参拝を意図的に行って、中国に喧嘩を売る形になる。中国にノーと言うことになるので、変化は明らかである。これまで支援して、協力した「協調的な外交から対立の外交へ」と変わったのが小泉政権である。これは中国がグローバリズムの波に乗って経済発展し、大国化していく中で出てきた危機感から、対抗姿勢として出てきた。意図的に靖国参拝を使いながら、中国を牽制するというのは、子どもじみた手段と思わざるを得ないが、そういうことで小泉首相は中国に対抗するアジア外交をする。

その象徴的な例が二〇〇三年の東京サミットである。ＡＳＥＡＮは小泉首相の要望を受け入れて、日本とＡＳＥＡＮは「戦略的なパートナーシップ」という言葉を使うようになる。「日本・ＡＳＥＡＮ戦略パートナーシップ外交」と言われるもので、簡単に言えば、中国に対抗する意味で使われた。それは二〇〇九年以降、政権が代わって民主党になっても継続された。

二〇〇三年の東京サミットで、小泉首相は中国に対抗して「日本とＡＳＥＡＮが頑張りましょう」と言ったが、その一〇年後の二〇一三年に、安倍首相が第二回目の東京サミットを開催する。そして、中国に対抗して戦略的パートナーシップを強化する。戦略的なパートナーシップは、グローバル化の影響で中国が大国化するのを恐れ、中国に対抗する意味で出されたが、それが日本のアジア外交になっていく。

「戦略的パートナーシップ」を実現するためには、当然アメリカの支援が必要になる。小泉外交、安倍外交はアメリカ依存型である。吉田ドクトリンに近づいていく外交である。そこで二〇〇七年には、一九七七年から続いた福田ドクトリンに基づく協調型のアジア外交を発揮できなかったのである。もして戦略パートナーシップを実現する方向に展開してしまった。非常に残念なことであるが、そういうことで、二〇〇七年はドクトリンを発表できずに終わってしまった。

そこで、七のつく年ではなくて、三のつく年が重要視されことになる。二〇〇三年に小泉首相の東京サミット、二〇一三年に安倍首相とＡＳＥＡＮとのサミットが東京で開かれた。この中で戦略的パートナーシップで中国に対抗することを確認するが、果たしてそれがうまくいくのかというと、結論は、私個人的にはもう見えている。それはうまくいかない。なぜならば、中国がそれに甘んじるはずがないからである。中国は、それに対して対抗手段をとる。その一番いい例が「南シナ海問題」である。協調して対話でうまく解決すればいいのに、日米が組んでＡＳＥＡＮとともに中国に対峙していく姿勢があると、中国はそれを受け入れることはできない。対抗意識で南シナ海の軍事化が始まった。長い滑走路をつくって、軍事施設を設け、強固な対決姿勢を示し、妥協しない姿勢が出てきてしまった。だから安倍外交が戦略的なパートナーシップを目指している限り、この関係はうまくいかない。答えは出ている。

二番目の「グローバル化の変化」と、地域主義の重要性が認識されてきたことで、東アジア共同体が必要だとの認識が出てきた。これは、中国の台頭という第一の現象と若干矛盾するところがある。中国に対抗することを小泉外交、安倍外交が実践しているから、日本政府はその矛盾で非常に揺れる。それとともに東アジアでは協力しなくてはいけない、地域主義の重要性が少しずつ認識されていく。東アジアという考えには、日本が余り認めたくない事柄も影響しているが、ここでは詳しいことには触れない。

2　ＡＳＥＡＮ共同体への胎動

金融危機が、一九九七年、東アジア一帯に起こった。タイのバーツ暴落から始まって、インドネシア、フィリピン、韓国など東アジア全体を襲った金融危機である。再発を防ぐためには東アジア全体で協力する必要がある。東アジアが自立する形で金融問題に対処しないと、誰も助けてくれないことをこの金融危機から学んだ。

アメリカも、世銀も、助けてくれない。東アジアは東アジアで金融危機が再発しない経済金融体制をつくっていかなくてはいけない。その結果、「ＡＳＥＡＮ＋３」ができて、「チェンマイ・イニシアティブ」が出された。金融危機が再発しない体制をつくったのである。

グローバル化が進む中で、地域がまとまっていかないと対応できない。中国の脅威、中国の台頭と言っていられない。しっかりした協力体制を構築しないとうまくいかないというのがグローバルトレンドの二つ目の重要な点である。

そこで、ＡＳＥＡＮを中心にこの「地域主義」、「東アジアの地域主義」がいま展開されてきている。ＡＳＥＡＮ諸国は、二〇〇三年に「バリ宣言Ⅱ」を出して、「ＡＳＥＡＮ共同体」をつくる宣言をした。ＥＵのような共同体をつくるのは、途上国では無理であるという声も聞こえたが、共同体をつくることに合意した。最初に二〇二〇年設立という目標を立てたが、二〇一五年に早められた。二〇一五年一二月三一日にＡＳＥＡＮ共同体を発足させるというクアラルンプール宣言が出されるまでに成長していく。一方、「ＡＳＥＡＮ憲章」が二〇〇七年に採択された。これは「ＡＳＥＡＮの憲法」と言われ、ＡＳＥＡＮという共同体が制度的にも強化されたことになる。

注目すべき点は、グローバル化と東アジアの重要性である。東アジアで協力していかなければいけない、地域振興を高めていかなければいけないというときに、日本、韓国、中国中心ではうまくいかない。「ＡＳＥＡＮが中心」となって「東アジア地域主義」を主導していくのである。そういった意味で、一九九七年の金融危機は、「リージョナリズム、地域主義とはどうあるべきか」を示唆した意味でも重要になる。なぜかというと、ＡＳＥＡＮでは小さ過ぎる。アメリカの入っているＡＰＥＣ（アジア太平洋経済協力）でやろうとすると大き過ぎてうまくいかない。その中間が東アジアなので、日本、韓国、中国、ＡＳＥＡＮ諸国が協力して、グローバル化に対応するための東アジア地域主義をつくっていかないといけない。それが非常に重要な点として出てくる。第一の変化は、中国の台頭で日本はアメリカ依存型のアジア政策を展開しないと対処できないというもの、第二の変化はグローバルトレンドから出てくるもので、地域主義を高めていかなくてはいけないというもの。それは、ＡＳＥＡＮでは小さ過ぎて、ＡＰＥＣでは大き過ぎるから、アメリカ抜きの東アジアになるというものである。日本のアジア外交はどちらを選択するかをいま迫られていると言えよう。

そして、二つのアジア外交の基調に基づいて比較してみると、結論は出ているのではないか。それは、一九七七年から始まったドクトリンに基づく日本の自主的なアジア外交ということに尽きる。二〇〇七年で一度挫折したが、今後復活する機会を探りたい。

対決型の安倍外交をやめて、協調型のドクトリンに基づく自主的な外交をしなければいけない。これはＡＳＥＡＮの重要性をもう一度認識することに尽きる。東アジアの地域主義を促進する上で、ＡＳＥＡＮの中心性、中核性は避けて通れない。東アジアの地域主義を高める上で、ＡＳＥＡＮは不可欠で中核的なアクターになる。それがどのようなものか簡単に紹介しておきたい。

「東アジアの地域主義」は、多様な制度がつくられて、個別的に実践されている。その中心に位置しているのがＡＳＥＡＮである。ＡＳＥＡＮの上に日中韓が加わって、ＡＳＥＡＮ＋３がある。しかし残念ながら、東アジアにはもう一つ「ＥＡＳ（東アジア首脳会議）」という制度もある。東アジア首脳会議は、東アジアという名称を初めて使った制度であるが、参加国は東アジアに限定されていない。ここが問題である。ＡＳＥＡＮ＋３は、まさに東アジア諸国で構成されている。ＥＡＳは、名前は東アジアだが、東アジア以外の国が多く入っている。インド、オーストラリア、ニュージーランド、その後、アメリカとロシアも入っている。東アジア首脳会議といいながら、東アジアではないことになる。

その上に「ＡＰＥＣ」がある。ＡＰＥＣには、台湾、香港、メキシコ、チリ、ペルー、パプアニューギニア、ロシアなどが入っている。ＡＳＥＡＮでは小さ過ぎて、ＡＰＥＣでは大き過ぎることは、こ

APECの問題は、残念ながら、ASEANを分断している。ASEANのカンボジア、ラオス、ミャンマーはAPECに入っていない。そこで、APECを中心にやりましょうというとASEANが分断される恐れは否定できない。ようするに、東アジアの協調関係、東アジアのリージョナリズムは、ASEANを抜きに考えらないのである。それだけASEANは重要な役割をいま演じている。東アジアを安定して発展させていくために、日本、韓国、中国が主流となるのではなく、ASEANこそが中心となって地域主義を高めていくことで、世界が注目することになる。ASEANを中心とした地域協力をさらに強化していく必要があるのである。

3 ASEANの存在意義と役割

ASEANは、東南アジア諸国一〇カ国で構成されている。ASEAN加盟国は多くが小国であるが、ASEANが外相会議やサミットを開くと、必ず世界を代表する国が参加する。アメリカのオバマ大統領も、ASEAN会議には必ず参加してきた。ロシアのプーチン大統領もASEAN会議に参加する。中国、韓国、日本、オーストラリア、ニュージーランド、EUの代表もASEAN会議に参加して意見交換をする。このような地域機構は世界に類を見ない。

アフリカにも「AU」という地域機構がある。ラテンアメリカにもメルコスールなどの地域機構がある。南アジアにも「SAARC」がある。中東にも同じような地域機構がある。ところが、そうした地域機構にアメリカの代表が行くことはない。ロシアの代表が行くこともない。中国の代表、習近平主席がアフリカ会議に参加することもない。ＡＳＥＡＮにだけ、世界を代表する国が参加する。

オバマ大統領もトランプ大統領もＡＳＥＡＮを無視できない。必ず首脳会議には参加する。それだけＡＳＥＡＮは重要視されている。ＡＳＥＡＮを構成しているタイ、ベトナム、インドネシア、フィリピンの外交は重要で、世界が注目している。そのことを日本は学ばなくてはいけない。アジアをまとめていくＡＳＥＡＮから学べる大きなことがある。だから、東南アジアからの留学生と日本人が意見交換をすることは非常に重要になる。

このように見てくると安倍外交は中国に対抗しているという意味でうまくいかない。もっとＡＳＥＡＮの中核的な役割を信じて、新たなドクトリンに基づく自主的なアジア外交をすべきだという声を学生の中から、ＡＳＥＡＮの留学生とともに発信していくことが非常に重要になるのではないか。そういった重要な点を九州から発信することで、東京の中央政府が考え直すようになればいい。

今後の課題としては、日本は、ＡＳＥＡＮを中心とする自主的なアジア外交を展開すべきということになる。それは対決から、戦略的パートナーシップから、協調へと変化しないといけないということである。

「東アジアの中の日本」という外交姿勢を今こそ打ち出す必要がある。対決型の安倍外交では、これはうまくいかない。中国が対抗姿勢を出してきて、エスカレートしていくのみで、問題は深刻化する一方である。ですから早急に対決から協調へ方向転換をしないといけない。

これまでの戦略的なパートナーシップでは二〇〇三年（二〇一三年か基点となった）、一九七七年の福田ドクトリン、一九八七年の竹下ドクトリン、一九九七年の橋本ドクトリンを日本政府は忘れている。次は、二〇二三年にまた対決姿勢を貫いていこうというのが安倍外交である。これを早急に変えていかなければいけない。

「二〇二五ビジョン」は、ASEANが二〇一五年に共同体をつくり、二〇二五年まで共同体を強化する姿勢を打ち出したもので、日本はそれを全面的に支援することを新ドクトリンに加えるべきである。ASEANを重視して、二〇二五年ビジョンを実践していく協調関係を日本とASEANの間で築くことを新ドクトリンの内容にすべきである。

安倍首相は、アベノミクスなどで一時人気があった。今後は新しい首相が登場して、ポスト安倍外交という形で新ドクトリンが発表されるといいと思っている。

今後は、グローバル化に対応してASEANとのパートナーシップと自主外交が必要で、東アジアを意識したASEAN外交へ転換していく必要がある。「心と心の通う文化交流と外交に市民の声を」という、福田ドクトリンの精神、スピリットをもう一度見直していくと、一九七七年、一九八七年、一九九七年と展開していった自主的な外交が再度出てくるのではないか。ここで一番強調したいのは、自主外交と日本のアジア政策は非常に重要な要素を持っていることである。福田首相は、ASEANの重要性を初めて強調した。経済一辺倒で日本だけが利益を得てきた関係をやめて、文化交流、心と心の通う関係にする、留学生をさらに受け入れて日本人と交流を深めていく姿勢、それらが今重要になっています。

そして認識すべきは、東アジアの地域主義が重要であるとすると、それがＡＳＥＡＮ中心型でいま動いていることである。これを日本は学んでいかなくてはいけない。これにストップをかけたり、障害になるような対抗型のアジア外交を展開したりすることは、どうしても避けなければいけない。

（須藤季夫）

第9章　タイ・シーラチャーにおける日本人コミュニティ

1　シーラチャーと日本人町の成立

タイの日本人コミュニティはアユタヤ時代から存在した。アユタヤ時代は江戸時代前期に当たる。アユタヤの日本人町は、一六世紀初め、御朱印船貿易に携わった日本人が築いた町である。最盛期は寛永年間になり、八〇〇〇人以上の日本人が住んでいた。日本人の多くはアユタヤを守る傭兵、つまり兵士で、今のミャンマーに当たるビルマの軍隊との戦いにも参戦した。日本の戦国時代に浪人になった武士たちがアユタヤに流れ着き、傭兵になったといわれている。そのほか、貿易に携わる人もいた。そのなかにはキリシタンの家族も含まれていた。

アユタヤの日本人町では、日本の技術とタイの豊かな銀を使って日本刀が盛んにつくられた。それらの刀はタイの日本人兵士に使われた。一方、日本への輸出品は鹿やサメなどの革製品が主なもので、輸出量も多額に上った。

日本人町のリーダーは、皆さんが歴史の授業で習ったとおり、山田長政である。山田長政は、当時のアユタヤ王朝の第二二代の王であるソンタム王からオークヤー・セーナーピムックという官位を与えられるほど大活躍した。その後、江戸幕府の鎖国政策により、アユタヤの日本人町は大幅に縮小してしまった。それからは細々と根を張り、一八世紀初頭まで日本人町は存続した。その過程で徐々にタイ族に同化し、最後は自然消滅したといわれている。今、アユタヤに住んでいるタイ人の中には、日本にルーツを持つ人たちが多いのではないか。ちなみに、アユタヤの日本人町は、現地のタイ人には「ヤマダ」と言われていた。

さて、シーラチャーを紹介しよう。シーラチャーはタイの東部地方にあるチョンブリー県の一つの郡である。小さい町で、タイ湾に面している。バンコクのスワンナプーム国際空港から車で一時間半ぐらい、バンコクからは二時間ぐらいかかる。シーラチャーの中心地からタイ湾までは車で一〇分ぐらいである。

シーラチャーには多くの日本人が住んでいる。二〇一五年現在、タイに住んでいる日本人は六万七四二四人である。二〇一四年の六万四二八五人から三一三九人増加した。一九七四年以降、タイに住む日本人の数は増え続けている。

では、どのような日本人がタイに住んでいるのであろうか。

まず、民間企業の関係者およびその家族である。この人たちの割合が一番高い。海外出張で一年から三年のあいだタイで働くサラリーマンの単身赴任者とさらに長くタイに滞在する家族同伴の人たちである。そのほか、政府関係者およびその家族、留学生や研究者およびその家族なども タイに滞在している。大学の先生もこの中に含まれている。シーラチャーには日本人が多いので、日本人学校と日本人幼稚園が開設されている。だから、子どもたちはタイ語ができなくても心配がない。

タイで日本人が住んでいる場所を県別で見ると、首都のバンコクがやはり一番多く、その次が今お話ししているシーラチャーがあるチョンブリー県である。三番目はタイの京都と言われているチェンマイである。チェンマイはタイの北部にあり、日本人の滞在期間は、一カ月の短期から一年以上の長期までさまざまである。チェンマイは日本人だけでなく、欧米人にも人気がある。チェンマイにロングステイしている欧米人は日本人の三倍近くにもなっている。

さて、なぜチョンブリー県に日本人が多いのだろうか。

タイのチョンブリー県シーラチャー郡は、日本人駐在員が多く住んでいることで有名である。どうしてシーラチャーに日本人駐在員が多く住んでいるのかというと、シーラチャー近郊には日系企業が入居する工業団地が数多くあるからである。シーラチャー近郊の工業団地には、例えば、バンコクから五七キロメートルと近いアマタナコーン工業団地がある。チョンブリー工業団地もバンコクからそんなに遠くない。また、レムチャバン工業団地、ピントン工業団地、サハ・グループ工業団地（シーラチャー）など、日系企業の入る工業団地がある。

シーラチャーの隣のラヨーン県にも工業団地がある。例えば、イースタンシーボード工業団地、サイアムイースタン工業団地、サイアムセメント工業団地、アマタシティ工業団地、マプタプット工業団地、ＧＫランド工業団地などである。これらの工業団地に進出している日系企業は、主に自動車メーカーや自動車部品、電化製品関連の会社である。

日系企業が増加し始めるのは一九八〇年代後半であり、それ以前のシーラチャーには外国人はいなかった。住民は漁などに従事していた。その後、日系企業が進出してきてからは、それらの企業で製造に従事する人も増えた。

２　シーラチャーのコミュニティ社会

人の生活に必要不可欠なものがタイでは四つある。日本語では、衣服、食料、住居、つまり衣食住であるが、タイでは薬も必要とされる。医食同源という言葉があるように、薬も生活にとって大切なものである。最近は日本でもタイでよく使う香辛料パクチーが人気だという。タイ人にとって昔から薬草であるハーブは生活に欠かせないものであった。つまり、人がタイで生活するのに必要なものは食料、衣服、医薬品、住居である。

シーラチャーには、生活必需品がすべてそろっているので、生活にとても便利である。これは、日本人の多くがシーラチャーを居住地に選ぶ理由でもある。

買い物をする場所としては、ロビンソンデパートのほかにも大きな商業施設がある。これまでにＪ

パークとイオンショッピングモールが完成している。Jパークはシーラチャーの郊外にあり、ロビンソンデパートとは離れている。日本的雰囲気を持ったショッピングモールで日本を意識した建物、庭園などがそろっている。例えば、金閣寺を模した建物がある。金閣寺に似てないという人もいるが、タイ人にとってはこれが金閣寺である。いろいろと日本のスタイルを導入している。ここに来ると多少は日本文化の勉強になる。ここに来れば日本料理店が多く出店していて、会社員の接待にとても便利である。日本人だけでなくタイ人もJパークで日本料理を楽しんでいる。

もう一つのイオンシーラチャーショッピングモールは三階建てで、二〇一五年に開業した。ここでも多くの日本料理の店が開店している。周辺に住む日本人が昼食に利用したり、買い物をしたりしている。もちろんJパークと同じように薬局やスパもある。

一方、シーラチャーのロビンソンデパートでは何でも手に入る。食品も例外ではない。ロビンソンデパートの中には、スーパーマーケット、コンビニエンスストア、日本料理店がある。シーラチャーには日本料理店が多く、味も日本人向けである。居酒屋、パン屋、市場もある。もちろん、お店では「いらっしゃいませ」と店員が挨拶する。居酒屋でも美しい女性がお店の前で「いらっしゃいませ」と声を掛ける。日本人は仕事後、このような店で飲んで帰る。周辺にはスナックもたくさんあるし、体が疲れたら、たくさんあるタイ古式マッサージ店に行けばよい。

日本料理が飽きたら、タイ料理の店もある。シーラチャーは日本人だけでなく、元からのタイ人も住んでいるのでタイ料理の店も多い。また、タイ人のための市場もある。シーラチャーに住む日本人が新鮮な食材を求めたいなら、市場を利用すればいい。ある程度タイ語が話せないと、高値で買わされるかもしれないが。タイ語が話せると、親近感を持ってもらえ、新鮮なものを安く入手できるのでお奨めである。新鮮な野菜、果物、肉、そしてここは海に近いので魚、エビ、カニ、貝も新鮮である。

次に、衣服について話そう。

日本人は日本からたくさん衣服を持参して、タイではあまり購入しないと聞いた。しかし、シーラチャーで衣服を購入したければロビンソンデパートがある。タイの気候は三つの季節に分けられる。三月から五月は暑く、六月から一〇月は雨が多く、一一月から二月は乾季というか、涼しかったり、まだ雨が降ったり、暑かったり、よくわからない気候である。日本と比べると、タイは一年中暑いといわれるかもしれない。年間を通して寒い日はなく、せいぜい少し涼しい日があるくらいである。それが一二月頃のことで、タイ人は寒いというかもしれないが、日本でいう寒さとはまったく異なる。気候に合った衣服がほしければ、ロビンソンデパートでおしゃれなものを購入できる。ユニクロも購入できる。ロビンソンデパートの前の市場では安価なものを購入することができる。

洋服のリサイクルショップもある。日本人がたくさんの服を持ってきて、もう着ない、要らない、持って帰りたくないときは、ここで売ることができる。タイ人は日本の服のスタイルが好きなのと安いので、ここで買う人も多い。購入価格は例えば、一グラム三〇バーツである。グラムで買う。自分が好きな服を選んで、測って計算する。デパートより安く買えるし、自分の好きなものを買えるので、このような店は日本人にもタイ人にも便利である。特に若い女の子たちが利用している。

次い　辛いでである

人は皆いつ病気になるかわからない。タイ料理は辛いので、日本人は時々、食後に腹痛を起こす。頭痛や腹痛は日常生活でよくあることだが、たとえそれが悪化して入院を余儀なくされてもシーラチャーでは安心だ。病院、クリニック、薬局がそろっている。スタッフには日本語が話せる人もいる。サミティヴェート病院には日本人とタイ人の通訳がいる。

もう一つのパヤタイ病院はデパートの近くにあり、歯科医院もその左側にある。院内には日本語の表示もある。薬局は健康ファーマシーのほか、イオンの中にもある。

次は宿泊施設である。

シーラチャーにいる日本人の数は増加する一方なので、住宅が毎年新たに建てられている。日本の不動産会社の支店がタイにあり、住居を探すのにあまり苦労はない。日本人の住居にはいくつかの形態がある。多くの日本人はコンドミニアムに住む。サービスアパートメント、ホテル、一軒家に住む人もいる。長期滞在の人にはホテルは向いていないので、やはりコンドミニアムやサービスアパートメントに人気がある。家族と住むために一軒家を借りる人もいる。家族連れは一軒家に住んだほうが快適かもしれない。

不動産会社で、宿泊施設や住居を探すのはさほど大変ではない。レストランや野外プールを併設したJタウンサービスアパートメントという宿泊施設があり、コンドミニアムも次々と建設されている。これらの施設は海に近く眺望もいい。

日本人はどのようにして住居を選ぶのか。会社員は、会社が選ぶ場合もあるが、自分で選びたい人もいる。UCHI-Home Finderというアプリケーションで探すのも便利である。

ある調査によると、日本人は五つの要素を検討して住居を決めるという。五つとは、家賃、住まいの種類、所在地、設備、公共サービスである。家賃は五万バーツほどの物件が人気である。タイ人にとっては高いが、日本人はこのぐらいでいいと言っている。住まいの種類はコンドミニアムに人気がある。所在地は、スーパーマーケットまで一〇〇から三〇〇メートルぐらいまでが人気で、レストランや市場の近くがいいという人もいる。設備については充実しているほどいいようである。公共サービスでは病院の近くが便利である。また、安全の面では警察署が重要である。

シーラチャーでは語学学校も欠かせない。タイ人と日本人のスタッフが一緒に働いている職場では、日本人はタイ語を勉強し、タイ人は日本語を勉強することで互いにコミュニケーション能力を高めようとしている。

シーラチャーには日本人学校も設置されている。日本人学校はバンコクでも開校している。バンコクは日本人が多く住んでいるので当然であるが、シーラチャーには小さい町にもかかわらず日本人学校がある。日本人の居住割合が高いからである。学校名は日本語、タイ語、英語で書かれている。学校では中学三年生まで学ぶことができる。その後は日本で勉強することになる。在校生は小学校、中学校とも毎年増えている。小学生が中学生よりも多い。

次に、日本人会についてみてみよう。シーラチャーには日本人が多いので日本人会が設立されている「チョンブリー・ラヨーン日本人会」という。企業会員は二六三社で、ほかに個人会員もいる。この日本人会の目的は、会員の相互交流と親睦を深め、この地でともに幸せに歩むことである。日本人会が開催する日本祭りは毎年恒例の行事である。これは「第七回シーラチャー日本祭り」のポスターですが、かなり大掛かりなお祭りで、子どもから大人まで日本人が協力して出店を開いたり、さまざまな催しをして、楽しんでいる。

その他の活動としては、地域の行政に協力している。警察署の看板には、以前は日本語表示がなかったが、日本人会の協力で日本語を入れた。日本人が駐車違反などの罰金の支払いで警察署へ行くのに不便だったからである。また、郡の看板にも日本語を入れた。以前は漢字が間違っていたが、日本人の助言で訂正された。労働福祉・保護局チョンブリー事務所も日本人会の協力で最近設置された。

このように、多くの日本人が住むようになって、シーラチャーの町は徐々に変化してきた。以前は、看板に日本語はまったくなかったが、日本人が多くなるにつれ日本語表記が増えてきた。またコミュニケーションの面でも、タイ人は日本語が以前より話せるようになってきている。日本人もタイ語がよく理解できるようになってきた。

シーラチャーは現在、かつてのアユタヤを彷彿させるかのように日本人町の様相を呈してきているというのは言い過ぎであろうか。

（パンセク・アトントゥラスク）

第10章 「日本型社会福祉モデル」と「アジア福祉国家モデル」の新たな可能性

1 研究方法としてのモデル

「日本型社会福祉モデルとアジア福祉国家モデルの可能性」について考えるというのが、筆者に与えられているテーマである。しかし、「日本型社会福祉モデル」にしても、まして「アジア福祉国家モデル」にしても、そのようなものが確として存在しているわけではない。そこで、そのようなモデルを考えることができれば、日本の社会福祉やアジアの国々の福祉国家政策を考えるうえで役に立つのではないか、というのがこの章のテーマとなる。

日本型社会福祉モデル、アジア福祉国家モデルという場合の「モデル」という言葉であるが、一般的にはお手本になるものとか、模範だとかいう意味で使っている。自動車やパソコンなどについては、八〇年代モデルとか二〇一五年モデルなどという。この場合は型式という意味である。しかし、社会科学の領域では、複雑な社会現象や社会制度を理解するために、実際の社会現象や社会制度にみられる特徴を拾い上げ、相互に矛盾しないように、きれいに整理して理論的に造形した仮の姿（理論体系＝理念型）をモデルという。お手本とか模範とかいう一般的な使い方とどこかでつながってはいるが、複雑な現象を理解するための道具、手段、あるいは枠組みとして、造形されたもの、という意味である。

もう少し付け加えておくと、日本型社会福祉モデルやアジア福祉国家モデルという言い方には、一方において、イギリス型とかヨーロッパ型モデルとか、比較の対象になるモデルの存在が想定されている。日本型とかアジア型の特徴や内容をきちんと把握するためには、そうでないものと比較してみるという方法が重要な手続きになる。

むろん日本の社会や制度を理解するために外国の社会や制度と比較することは、昔から、明治以来ずっと行われてきた。しかし、少なくとも一九六〇年代頃までは、モデルを造形して現実を分析するという今日の方法とは少し違った趣旨で外国との比較が行われてきた。

少し遠回りになるが、まずそのことに触れておきたい。かつて、われわれは、日本の社会福祉や社会保障の研究を進めるにあたって、社会福祉の先進国、あるいはそれらを最もよく発展させてきた典型国を設定し、それらの国々の社会福祉とわが国の社会福祉を比較考量して分析するという方法をとってきた。先進国、典型国として取りあげてきたのはイギリスやアメリカである。イギリスに着目したのは、イギリスが世界で一番早くから、当初は救貧法というかたちであるが、社会福祉の政策や制度

である。

かつての研究者たちは、そのようなイギリスやアメリカと比較考量することを通じて、日本の社会福祉の歴史的な位置づけや特徴を明らかにしようとしてきた。平たくいうと、イギリスやアメリカと比較し、日本の社会福祉がどれほど遅れているのか、ずれているのかを明らかにしようと努めてきた。イギリスやアメリカの社会福祉を尺度にして、日本の社会福祉を評価し、達成すべき課題を明らかにするというやり方をしてきたわけである。そこには、日本の社会福祉もいつの日にかはイギリスやアメリカの社会福祉のようになるのではないか、またそうなるべきではないかという考え方があった。

ところが、一九七〇年代後半以降、八〇年代を分水嶺として、このような先進国との比較という方法が意味をなさなくなる。皆さんもご存じのように、イギリスは世界で最初に福祉国家体制を構築した国である。しかし、六〇年代末頃から、イギリスの福祉国家政策は批判の対象に転化する。経済が低迷し、その原因として福祉国家政策が槍玉にあげられる。イギリスの経済的混迷、失業者の増加は、福祉国家にお金をかけ過ぎたせいだというわけである。七〇年代末の、イギリス史を塗り変えた鉄の女、サッチャー首相の登場によってこの福祉国家批判は決定的なものになる。

このような傾向は、ソーシャルワークの先進国とみなしてきたアメリカにも現れてくる。アメリカは六〇年代のジョンソン大統領による貧困戦争、「偉大な社会」政策によって遅ればせながら福祉国家の仲間入りを果たす。「躊躇する福祉国家」である。しかしながら、八〇年代に「強いアメリカの復活」を旗印にするレーガン大統領のもとで政策の方向が逆転する。レーガン大統領によるウエルフェアー・カット、福祉予算の大幅な削減である。

戦後長らくの間、日本の社会福祉の研究者たちは、社会福祉施設の経営をしている人びとや実践家を含めて、社会福祉の政策や制度に関心がある場合にはイギリスに、ソーシャルワークに関心をもつ場合にはアメリカに留学し、あるいは視察に行った。それぞれの領域でイギリスやアメリカが先進国、あるいは典型国とみなされていたからである。しかし、七〇年代末にサッチャー首相が登場し、八〇年代にレーガン大統領が出現して福祉国家批判、福祉予算の削減を断行すると、イギリスやアメリカの先進国、典型国としての意義が失われる。イギリスやアメリカに代わる国として、デンマーク、スウェーデンといったノルディック諸国が登場してきた。ノルディック諸国が先進国、典型国として扱われるようになったわけである。

ただ、残念ながら、ノルディック諸国の社会福祉をそっくりお手本にするというわけにはいかない。ノルディック諸国は国の規模がわが国に比べるとかなり小さい。確かにノルディック諸国では社会民主主義政権のもとで、社会保障や社会福祉が進んでいる。それでは、そのノルディック諸国の政策、仕組みをそのままわが国に持ってきて実行できるかというと、ことはそれほど簡単ではない。もちろん、地域福祉のあり方など、いろいろヒントになるところはたくさんある。その限りではわが国のモデルになりうるかもしれない。しかし、そっくり移入するというわけにはいかない。

他方、この時期一九七九年、わが国では「日本型福祉社会」という言葉が出現する。わが国には経済不況に悩んでいるイギリスや西ドイツにないものがある。それは何かというと、わが国では昔から家族の間や地域社会のなかで助け合うという習慣　親族協救・隣保互扶という習慣や活動が尊重され重視されてきた。こういうものはイギリスや西ドイツには存在しない。そういう助け合いの精神や制度がないから、両国では、税金や保険料頼りの高福祉高負担にならざるをえなかった。その点、わが国の場合には、家族や地域社会の助け合いが「福祉の含み資産」となっている。それだから、中福祉中負担でいいのだという議論が提起されてきた。

　この「福祉の含み資産」にはいささか議論がある。しかし、ここで注目しておきたいのは、日本が、イギリス型や西ドイツ型に対して日本型を主張するようになった、しかも、イギリス型や西ドイツ型に優位するものとして、それが主張されるようになったという事実である。このことは、先進国比較、典型国比較からの離脱を意味している。

　こうした時代状況の中で、一九九〇年ヨーロッパで有名な福祉国家類型論が提起される。デンマーク出身の研究者、エスピアン＝アンデルセンの福祉レジーム論に依拠する福祉国家類型論である。世界には多様な福祉国家が存在している。エスピアン＝アンデルセンは、それらを「自由主義的福祉国家」、「保守主義的福祉国家」、「社会民主主義的福祉国家」の三つのタイプに分類した。どういう国がどのタイプに当たるのか、どういう特徴があるのか。まず、自由主義的福祉国家に該当するのは、アメリカ、カナダ、オーストラリアである。サッチャー以後のイギリスもここに含まれる。その特徴は「国家が最低限度の保護のみを行い、市民は市場からその能力に応じて必要なサービスを取得する」ということにある。長い人生いろいろなことがある。うまくいっているときばかりではない。いろんな理由で生活に困ることもある。そういうときに国や社会がどう対応するか。アメリカやカナダでは、生活の基盤は自己責任、マーケット頼りである。国はぎりぎりのところで援助はするが、それ以外は、自分の責任において対応することが求められる。サッチャー以後のイギリスでは、従来の福祉国家政策が大幅に見直され、自己責任が強調された。このタイプに属するのは、手短にいえば、失業、疾病、高齢に対応する施策があまり整っていない、労働力の脱商品化が低い国々である。

次に保守主義的福祉国家、このタイプに該当するのは、ドイツ、フランス、イタリアなど、ヨーロッパ大陸の国々である。職業的な地位の格差の維持とか、家族の伝統的な役割とか、そういうものを重視するという考え方で、そのことを前提に、国や労働組合や企業がお互いに相談をして、現金給付やサービスをどの程度提供するかを決めるという方法を採用している国々である。伝統的な生活や労働のスタイルを尊重する国々であって、労働力の脱商品化が進んでいない国々ということになる。

これらに対して、社会民主主義的福祉国家と呼ばれるグループがある。ここは「労働力の脱商品化」が高い水準を維持していて、国家と市場、労働者階級と中間階級の間の二重構造を認めない平等な社会を志向するというタイプである。先に少し触れたノルディック諸国が典型ということになる。デンマークとスカンジナビア半島の国々である。社会民主主義、つまり労働者の利益を重視する政党が大きい力を持って政治を左右している国々である。福祉国家としてはここが一番進んでいるということになる。

なかなか良く練られた類型論である。それでは世界のすべての国がこれら三つの類型のどれかにあてはまるかというと、むろんそうではない。どれにも当てはまらない国々がある。例えば、オセアニア、地中海沿岸諸国、アジアやアフリカの国々である。三つの類型に当てはまらなければ四つ目や五つ目をつくればいいようなものだが、理論的な一貫性を保とうとすれば、そういうわけにもいかない。エスピアン＝アンデルセンの議論は、ヨーロッパや北アメリカの福祉国家の研究には役に立ち、有効である。しかし、それ以外の南アメリカ、アジアやアフリカなどの国々の社会福祉や福祉国家政策について議論しようすると、手掛かりにはなるが十分に役に立つとはいえない。

もちろん、このようなエスピアン＝アンデルセンの議論はわが国にも紹介され、九〇年代以降、わが国でも福祉国家の類型論が盛んになった。彼の著作の日本語訳も出版され、わが国の読者にも手軽に読めるようになった。しかし、わが国はエスピアン＝アンデルセンの類型論に当てはまらない国で、議論から外れている。さすがに、彼も日本語訳の序文のなかで日本に言及している。エスピアン＝アンデルセンも日本のことに何か触れておかなければ、と考えたのであろう。日本語訳の序文のなかで、日本は、自由主義型のアメリカと保守主義型のドイツのもつ特徴の両方が混じり合っている国だといっている。日本の特徴として、年功序列賃金、企業福利、企業年金などの職域福祉や強い家族主義があることにも言及している。

2　様々な福祉国家類型論

今日では色々な福祉国家類型論が提起されているが、そのなかに儒教主義的福祉国家という類型を設定した人がいる。ジョーンズという研究者で、アジア福祉国家モデルというこの章のテーマに関わるので簡単に取りあげてみたい。ジョーンズは、労働者参加のない保守的なコーポラティズム、教会の支援のない補助、平等概念のない連帯、自由主義的な思想のない自由放任主義、「どんぶり勘定」経済などを、儒教主義的福祉国家を特徴づける要素として指摘している。そう言われると、確かにわが国の社会の状況とか、社会福祉の進め方にそういう面があるかなという気もする。しかし、首を傾げたくなる部分も含まれている。

さらに、東アジア福祉資本主義という議論も存在する。東アジア福祉資本主義の特色として指摘されているのは、政治目的の重視、経済発展と完全雇用を福祉の手段とするイデオロギー、生産第一主義的な福祉の優位、福祉国家の敬遠、家族の役割の重視など、強力ではあるが福祉の面では限定された国家の役割という要素である。一つ一つの要素を取り上げてみると、なるほどそういう特徴がみられるのかなと思う部分が含まれている。しかし、これだけネガティブな要素を並べられると、何だかアジアの社会福祉や福祉国家政策、あるいは社会や国家は、ヨーロッパやアメリカとはかなり異質な存在とみなされているという印象である。

ヨーロッパやアメリカの研究者とわれわれとでは、社会や国家の捉え方に相当違いがあるということを考慮のうちに入れておく必要があるかもしれない。しかし、それでも社会的な現実、リアリティとして、ヨーロッパにも、アメリカにも、そしてアジアにも、われわれが社会福祉と呼んでいる政策や制度が確実に存在しているし、福祉国家という理念も、それを実現するための制度の存在も、る。そして、それらには違いもあるが、同時に共通するところもある。むしろ違うところと共通するところ、そういうものをいかに抽出し、理解していったらいいのか、どのように理解したら日本の、そしてアジアの社会福祉、福祉国家の特質と将来に接近することができるのかということこそが、われわれにとっての最大の課題でなければならない。

さて、そうしたなかで、ワンアジア、アジアの社会を一つのものとして考えようというのが、ここでのわれわれのテーマ、課題である。しかし、理念としてはともかく、研究的なサイドに立つと、ワンアジアといい、アジアを一つのものとして認識するというのはなかなか難しい。例えば、アジアという言葉に東西南北をつけると、西アジア、南アジア、北アジア、東アジアということになるが、それぞれかなり違うという印象である。少し考えただけでも西アジアはイスラム文化圏、南アジアはヒンズー文化圏ということになる。そのような違いを超えて、アジアを一つのものとして捉えることは容易ではない。

東アジアということであれば、少しは身近になる。まず、東アジアには共通する自然環境がある。高温多湿のモンスーン地帯に属し、歴史的には稲作が中心的な産業になってきた社会である。その範囲であれば一つのつながり、共通性を見出すことができるかもしれない。特に稲作、家族や親族、集落が総出で田んぼに稲を植え、刈り入れをするという生活のなかから、東アジアに特徴的な、ヨーロッパとは違ったかたちをもつ共同体が育まれてきたという理解の仕方ができる。田んぼを造作し、水を蓄え、早苗を植え、雑草を取り、害虫から稲を守り、刈り入れをする。少人数ではできない。家族や親族や近所の人たちの力をかりて一家総出、地域総出の共同体的な互助、助け合いがないと生活が成り立たない。人びとは、何世代にもわたってそういう社会に生まれ、成長し、そして死んできた。そこでの生活は、放牧や牧畜を中心にしながら、早い時期に商業や製造業に移行した社会における生活の仕方とは随分異なっていよう。

そこに宗教や言語という要素を入れると、強い共通性をもつ社会の範域はさらに狭くなる。同じ東アジアでも東北アジアということになると、一層共通性を摑みやすい。先程の儒教文化圏という把握方法もあるし、仏教にしても東北アジアと東南アジアとではかなり違う。漢字という言語文化の類似性もある。近代化のプロセスからみても、東北アジアには歴史を共有しつつ、相互に規定し合うという側面がある。

東北アジアといえば、とりあえず中国、台湾、韓国、日本ということになる。確かに、これらの国々には多々共通する側面、類似する側面がある。社会福祉に限定しても、共通する側面がみられる。しかし、同時に異なる側面も存在している。ヨーロッパやアメリカの研究者からみると、共通する側面が浮かび上がってこよう。しかし、内側からみると大きな違いがみられる。その両面をみる必要がある。儒教文化圏というジョーンズの一面的な規定の仕方では、その両面を捉えることは難しい。

まず、儒教文化による影響であるが、歴史的にはそれがあるとしても現代ではそれほど強いというものではない。筆者は二〇〇〇年頃、韓国に招かれて介護保険制度について講演したことがある。講演後の質疑の折、ある韓国の教授から介護保険という制度が必要なのは、日本だからであって、韓国には必要ないという発言があった。率直にいってこれには驚いた。韓国には儒教文化があり親孝行の伝統があるからというのが、発言の趣旨であった。平たくいえば、日本は儒教文化が十分に根付いていない、というわけである。日本では親孝行というものが廃れてしまっている。しかし、韓国にはまだ親孝行という儒教的な思想と行動がきちんと残っている。したがって、介護保険制度は必用ないというわけである。確かに日本は韓国に比べると、ひょっとすると、親孝行の精神が薄いのかもしれない。筆者は、この指摘に対して、けれども、親孝行の思想は韓国においてもいずれ弱るのではないか、韓国も遠からず介護保険制度が必要になるのではないか、と応答した。

その予測は当たった。韓国は二〇〇七年に、長期療養保険という名称の介護保険制度を創設した。東北アジアの社会福祉を捉えるには確かに儒教文化の影響を考える必要があるし、仏教的慈悲文化の影響も考慮しなければならない。しかし、それよりも、現代にあっては近代化による価値観や親子関係を含む人間関係の変化や少子高齢化という人口構造の変化がより大きな影響力をもっているといってよい。なかでも急激な少子高齢化の進行は後発の資本主義国である東北アジア諸国に共通にみられる重要な特徴である。東北アジア型を設定する重要な根拠になりそうである。

3　社会福祉・福祉国家におけるモデルと実態的分析

ヨーロッパやアメリカの先進国のみならず、日本を含むアジア諸国の社会福祉や福祉国家をいくつかのモデルを設定して考えるという研究方法は、一九九〇年代頃から始まった。この方法は、従来のヨーロッパやアメリカの先発国を先進国、典型国とする研究方法からすると、大きな進歩を意味している。しかし、ここまでの議論から理解されるように、日本型モデルや東北アジア型モデルはまだしも、儒教文化圏や稲作文化圏などを基軸にして包括的に東アジア型モデルさらにはアジア型モデルを設定するということになるとかなりの難点がありそうである。

最初に言及したことであるが、モデルを設定するのは、理想や目標、お手本を示すというよりも、研究、分析の手段として、ということである。また、どの国の、どの地域の社会福祉であれ、福祉国家政策であれ、そこには国境や地域、文化圏の違いを超える普遍性とそれぞれの国や地域、文化圏ならではの特殊性が含まれている。その両面から地道に分析し、研究する必要があろう。

将来におけるワンアジア理念の実現をめざすアジア福祉国家モデルを構想するにしても、その前提としてまずはそれぞれの国や地域の社会福祉や福祉国家政策にみられる普遍性と特殊性を考察することが求められるであろう。

（古川孝順）

第11章　東アジア社会における高齢化問題への対応
——血縁・地縁・社縁の役割をめぐって——

1　課題と方法——問題の限定と分析資料——

本章の目的は、東アジア社会が抱えている高齢化問題に、三つの縁（血縁、地縁、社縁）がどのような役割を演じているか、その諸相を明らかにすることである。

社会心理学者の井上忠司は、三つの縁について、「一般に人間関係の編成原理には、理念型としてつぎの三つのカテゴリーが考えられる。第一は、血のつながりを前提として結ばれた『血縁』である。ただし、ここにいう血のつながりとは、かならずしも生物学的なレベルではなくて、ひろく社会的なレベルにおいてであることは、いうまでもない。第二は、土のつながりをとおしてむすばれた『地縁』である。たまたま同じ土地にすんでいるところからうまれる、地域社会の人間関係がそれである。そして第三は、人為的な組織のつながりを契機としてむすばれた『社縁』（結社縁の略）である。このカテゴリーは、会社や学校などから、団体や組合、サークルやグループにいたるまで、文字どおり、多様な人間関係が含まれる」（井上　二〇一二：三二）と述べている。

ここでは、高齢化問題をこの三つの縁との関連で検討することにした。その高齢化問題については「保健・医療・福祉」（医療保険制度の充実、要介護者の介護体制の整備、医療・福祉施設の充実、福祉マンパワーの確保）、「経済」（高齢者の雇用の確保、年金と給付の負担のバランス）、「社会」（家族・地域社会の世代間関係、家族の役割構造、生きがい・社会参加）が主要な問題とされている（清水編　一九九四：三八）。このような考え方に基づいて、本章では、「病気や日常生活において生ずる問題」に問題を限定し、この問題に血縁（家族・親族）、地縁（近所の人）、社縁（友人）が、どのような機能（役割）を果たしているかについて検討することにした。というのは、「病気と日常生活で生ずる問題」は、上述した高齢化社会において生じる諸問題を縮約していると考えたからである。

また、ここでは、欧米社会（ドイツ・アメリカ）と比較しながら、東アジア社会の高齢化問題を検討することにした。それは、親子同居を建前とする東アジア社会の家族（「直系家族制」）も、今後、欧米社会の「夫婦家族制」（親子別居を原則とする家族）に変化することも考えられる。とすれば、欧米社会の現状を把握しておくことは、今後、東アジア社会において生じる課題に対応する縁（よすが）になると考えたからである。

このような考え方に基づいて、ここでは、内閣府の『高齢者の生活と意識に関する国際比較調査』

五年毎に実施されているが、二〇一五年には第八回調査が行われている。この調査は、同一の調査票に基づいて国際比較が可能になる貴重なものである。そこに、この調査を用いて分析する意義があると考えている。しかし、この調査は、中国では実施されていない。したがって、ここでの課題である東アジアは、日本と韓国に限定せざるを得ない。さらに、第八回（二〇一五年）調査では、東アジアは日本のみである。そこで、ここでは、第七回（二〇一〇年）とその約一〇年前の調査である第六回（二〇〇一年）の調査資料を用いて分析することにした。この調査を用いた分析には、このような問題点があることもお断りしておきたい。

2　東アジア社会の高齢化と家族の動向

国連は暫定的な定義として全人口に占める六五歳以上人口が七％に達した社会（国）を人口高齢化社会（高齢化社会）とした。この考え方に基づいて、ここで分析対象とした国が七％に達した年次をみると、ドイツは一九三二年、アメリカが一九四二年、日本一九七〇年、韓国が一九九九年となっている。このような動向をみると、ドイツとアメリカは「人口高齢化の先発国」、日本・韓国は「人口高齢化の後発国」と言えよう。

これらの国の現状をみると、二〇一五年における高齢者割合は、ドイツが二一・〇％、アメリカが一四・九％、日本が二六・六％、韓国が一三・一％となっている。この数値をみると、日本は、世界

表 11 − 1　家族構成（2001 年・2010 年）

（単位：%）

国名	単独世帯	夫婦のみ	夫婦と未婚の子供	三世代世帯	その他の世帯
日本	12.8（ 9.6）	37.5（33.5）	15.7（13.1）	15.9（22.0）	18.1（21.3）
韓国	21.0（13.9）	37.3（31.5）	12.7（12.8）	14.5（26.3）	14.4（15.4）
ドイツ	37.9（35.9）	50.8（45.8）	3.0（ 1.7）	1.1（ 0.8）	7.3（13.7）
アメリカ	37.5（40.1）	37.4（35.7）	2.6（ 5.4）	3.6（ 1.8）	18.2（15.8）

注 ）　カッコ内は 2001 年の数値。
出所）　内閣府『高齢者の生活と意識に関する国際比較調査（2001 年，2010 年調査）』。

表 11 − 2　女性の年齢別単独世帯率（2001 年・2010 年）

（単位：%）

国名	65 〜 69 歳	70 〜 74 歳	75 〜 79 歳	80 歳以上
日本	13.2（14.0）	15.7（14.0）	22.1（19.8）	27.4（17.1）
韓国	27.4（21.9）	39.6（21.1）	35.8（22.7）	28.0（20.3）
ドイツ	37.8（39.0）	48.4（49.6）	58.5（66.3）	73.5（57.1）
アメリカ	29.4（37.0）	51.8（47.0）	54.9（62.2）	53.1（68.1）

（注）　カッコ内は 2001 年の数値，「わからない」と「無回答」は除いた。
（出所）　内閣府『高齢者の生活と意識に関する国際比較調査（2001 年，2010 年調査）』。

で最も人口高齢化が進展した国に躍り出たことになる。

つぎに、高齢者家族の動向を「同居」（＝「夫婦と未婚の子ども」＋「三世代世帯」＋「その他の世帯」）と「別居」（「単独世帯」＋「夫婦のみ」）との区分で居住形態別にみると、二〇〇一年時点における日本と韓国の「同居」割合は、両国とも五〇％以上の割合を示していたが、二〇一〇年になると、「別居」割合は、日本が五〇・三％、韓国は五八・三％になっている。これを欧米社会についてみると、二〇〇一年時点での「別居」割合は、ドイツが八一・七％、アメリカが七五・八％であったが、二〇一〇年になると、ドイ

%になっている（表11－1）。

さらに、「後期高齢層」（七五歳以上）の女性の高齢者が「単独世帯」で生活している割合を二〇一〇年時点でみると、日本や韓国は、四〇％未満であるが、ドイツやアメリカは五〇％以上になっている（表11－2）。これは、日本や韓国では「親が元気なうちは別居し、親が配偶者を失い、一人暮らしになると同居する」と言う「一時的別居志向」が比較的強いことになる。ところが、欧米社会では、「別居志向」が支配的である。このような現象は、欧米社会と東アジア社会における「家族形成習慣体系」（家族を形成する際の価値観＝文化・くせ）の差異によって生じたと考えられる。

3 高齢化問題への対応―欧米社会と東アジア社会の差異―

この調査では、病気や日常生活でこまったときの支援者（同居者を除く）についての設問がある。この調査結果をみると、「別居の家族・親族」を挙げたのはドイツ、アメリカ、日本、韓国の順になっており、各国とも支援者のなかで最も高い割合を示している。つぎに、「友人」と「近所の人」をみると、「友人」はアメリカが最も多く、つぎがドイツ、さらに韓国、日本と続いている。「近所の人」はドイツが最も多く、以下、アメリカ、韓国、日本と続いている（表11－3）。この結果をみると、四カ国とも「別居の家族・親族」に頼る割合が高いが、「友人」に頼る割合は欧米社会で高く、「近所の人」に頼る割合も欧米社会が、東アジア諸国より若干高い割合を示している。

表 11 − 3　病気や日常生活に必要なとき同居家族以外で頼れる人

（単位：％）

国名	別居の家族・親族	友人	近所の人	その他	いない
日本	60.9	17.2	18.5	3.3	20.3
韓国	53.7	18.3	23.1	6.8	20.0
ドイツ	73.7	40.7	38.2	2.9	5.4
アメリカ	63.6	44.6	23.7	6.4	10.5

注）　複数回答。「無回答」は除いた。ここでの設問は「あなたは，病気のときや，一人ではできない日常生活に必要な作業（電球の交換や庭の手入れなど）が必要なとき，同居の家族以外に頼れる人がいますか」である。

出所）　内閣府『高齢者の生活と意識に関する国際比較調査（2010 年調査）』。

また、この調査では、「近所の人とは、どのようなお付き合いをなさっていますか」の設問で、近所づきあいの内容を問うている。そこで、この調査結果（複数回答）をみると、日本は第一位が「外でちょっと立ち話する程度」（七〇・七％）、第二位が「物をあげたりもらったりする」（五一・六％）、第三位が「お茶や食事を一緒にする」（二九・三％）、第四位が「相談ごとがあった時、相談したり、相談されたりする」（二二・六％）、韓国は第一位が「お茶や食事を一緒にする」（六四・二％）、第二位が「外でちょっと立ち話する程度」（五一・三％）、第三位が「相談ごとがあった時、相談したり、相談されたりする」（二九・〇％）、第四位が「趣味をともにする」（一八・四％）、ドイツでは第一位が「相談ごとがあった時、相談したり、相談されたりする」（四九・六％）、第二位が「お茶や食事を一緒にする」（四二・〇％）、第三位が「外でちょっと立ち話する程度」（三二・〇％）、第四位が「病気の時に助け合う」（二八・三％）、アメリカでは第一位が「外でちょっと立ち話する程度」（四五・八％）、第二位が「相談ごとがあった時、相談したり、相談されたりする」（三六・[illegible]％）、第三位が

「病気の時に助け合う」（三六・二%）第四位が「お茶や食事を一緒にする」（三四・七%）となっている。

この近所づきあいを、「日常生活重視型交流」（「外でちょっと立ち話する程度」、「物をあげたりもらったりする」、「お茶や食事を一緒にする」、「趣味をともにする」）と「生活支援重視型交流」（「相談ごとがあった時、相談したり、相談されたりする」、「病気の時に助け合う」）に区分すると、東アジア社会では、「日常生活重視型交流」の割合が高くなっているが、欧米社会では「生活支援重視型交流」が比較的高い割合を示している。

以上の分析結果を要約すると、東アジア社会の家族は、親世代と子世代とが同居することが望ましいとの価値観に支えられている。そこで、高齢者を支える支援は、同居している家族が中心的な担い手となっており、「友人」や「近所の人」は、副次的な支援者になっている。しかし、欧米社会の家族は、親世代と子世代が別居することが望ましいとする家族である。そこで、高齢者の支え手は「三〇分以内」に居住する「別居の家族・親族」が中心的となっているが、この「別居の家族・親族」支援を補佐するものとして「友人」と「近所の人」が一定の役割を演じている（顕在化してくる）と考えられる。

4 東アジア社会における高齢化問題への対応—支援者の将来像をめぐって—

以上、欧米社会と対比しながら、現段階における東アジア社会における高齢化問題への対応を分析してきたが、この分析結果を踏まえて、私たちは、今後、東アジア社会における高齢化問題を、どのように考えたらよいのか、最後にこの点について検討しておきたい。

この課題は、難しい問題であるが、家族を中心軸において考えるとすれば、つぎのような変化の可能性を念頭におきながら模索すべきではなかろうか。その可能性とは、東アジア社会においても今後、未婚化、出生率低下に伴って家族を形成しない子世代の増加が予測されている。私たちは、このことに着目すべきではなかろうか。

国立社会保障・人口問題研究所の世帯推計によれば、「世帯主が六五歳以上の世帯について家族類型別に二〇一五年と二〇四〇年の値を比較すると、顕著に増加するのは『単独世帯』の一・四三倍（六二五万世帯→八九六万世帯）と、『ひとり親と子から成る世帯』の一・一九倍（一六六万世帯→一九八万世帯）である。『夫婦のみ世帯』は一・〇九倍（六二八万世帯→六八七万世帯）、『夫婦と子から成る世帯』は一・〇二倍（二八六万世帯→二九一万世帯）と緩やかな増加にとどまり、『その他の一般世帯』は〇・八〇倍（二一三万世帯→一七一万世帯）と減少する」（国立社会保障・人口問題研究所　二〇一八：六）としている。さらに、「単独世帯」の増加は、もっぱら晩婚化、未婚化、離婚の増加、親子同居率低下といった結婚・世帯形成行動の変化によってもたらされたと述べている。このような人口現象（未婚化、出生力の低下）に伴う世帯形成の変化は、東アジア社会でも、同居家族が高齢者支援の主要な担い手にならない可能性を内包していることになる。とすれば、血縁（別居の家族・親族）、地縁、社縁が、高齢者を支える支援者として重要な役割を果たすことになると考えられる。

もし、このような変化が生じるとすれば、東アジア社会においても、血縁（＝同居家族）の役割の後退が余儀なくされることになる。こうした事態の変化は、「日常生活重視型交流」と「生活支援重視型交流」においても、欧米社会におけるように「血縁」（別居の家族・親族）、社縁（友人）への依存度を高めることになるのではなかろうか。とすれば、ここで示した欧米社会における高齢者支援のあり方は、東アジア社会でも参考にすべき方策の一つとして検討すべき段階に至っていると言えるのではなかろうか。

（清水浩昭）

【参考・引用文献】

比較家族史学会監修、佐藤康行・清水浩昭・木佐木哲朗編（二〇〇四）『変貌する東アジアの家族』早稲田大学出版部。

井上忠司（二〇一二）『「縁」の人間関係―文化心理ノート―』書肆クラルテ。

国立社会保障・人口問題研究所（二〇一八）『日本の世帯数の将来推計（全国推計）―二〇一八年推計―』。

清水浩昭・工藤豪・菊池真弓・張燕妹（二〇一九）『新訂・少子高齢化社会を生きる―「融異体」志向で社会が変わる―』人間の科学新社。

清水浩昭編（一九九四）『高齢化と人口問題（放送大学印刷教材）』放送大学教育振興会。

第12章　アジア福祉における ソーシャルワークの課題と展望

――日韓高齢障害者施設での福祉レクリエーション援助の実態調査から――

1　日韓高齢社会におけるレクリエーションの重要性

アジア社会福祉をめぐる今日的課題の一つとして、少子高齢化の進展が指摘されている。ニッセイ基礎研究所（二〇一五）が発表した「高齢化率――二〇六〇年における日韓の高齢化率」[1]および、韓国統計庁（二〇一四）による「二〇一六年将来人口推計」[2]によると、日本の高齢化率は二〇一四年現在二六・〇％（高齢者数約三二九六万人）であったが、韓国の高齢化率は一二・七％（高齢者数約六三九万人）であり、両国の間では高齢化率が一三・三％もの差があった。[3]また、総務省（二〇一六）によると、二〇一六年日本における六五歳以上の高齢者（以下「高齢者」と称す）の人口は三三九二万人（二〇一六年九月一五日現在推計）で、総人口に占める割合は二七・三％となっており、二〇一四年の高齢化率二六・〇％より、一・三％上昇している。[4] 一方、韓国統計庁（二〇一六）から発表された「二〇一六年将来人口推計」によると、韓国の六五歳以上の高齢者の人口は六七六万人（二〇一六年九月二九日現在推計）で総人口に占める割合は一三・五％であり、二〇一四年の高齢化率一二・七％より〇・八％上昇している。[5]

また、二〇六〇年における日韓の高齢化率について、日本は三九・九％、韓国は四〇・一％であり、将来的には韓国の高齢化が日本を上回るスピードで進行し、二〇六〇年には日本より韓国の高齢化率が高くなることが懸念されている。

これら高齢社会を迎えている日本とこれから迎えようとする韓国の両国においては、高齢者福祉施設を利用する当事者のストレスや心理的な不安定および高齢者の自尊感情の支援の在り方が問われてきている。千葉（一九九三：七四）は、高齢者の日常生活の暮らしぶり、社会的・文化的環境、特に高齢者を取り巻く社会習慣や制度が高齢者の生き方や考え方の面で肯定的な老化として、精神的に健康な高齢期のためにも心身の健康づくり、より良い人間関係づくり、余暇時間の活用能力づくりなど多様な側面から、相互に影響し合う必要があると示唆している。[6]

佐藤（二〇〇四：一九二）は、高齢障害者を対象としたレクリエーションは、身体的・精神的機能の改善というより、機能の低下防止、現状を維持するための活動が基本的な考え方であると示し、レクリエーションの目的は、①身体を気持ちよく使うこと、②精神機能をほどよく刺激すること、③精神的な対人交流を楽しむこと ④日常生活や施設生活にめりはりをつけることなどを挙げている。その結果、レクリエーションの仲間との交流が深まり、そのことで周囲に対する興味や関心が改善され、家族や友人との会話が弾むようになると示している。[7]

一方、韓国において、OH（二〇一三：三）は、高齢化社会を迎える中で、日常生活から感じるストレス解消、心理的な満足感を増進するため余暇活動に参加している高齢者の増加に伴い「高齢者参加型余暇活動」が高齢者の心理的安定感につながると示唆している。[8] また、PARK（二〇〇八：一二～一三）は、レクリエーションの効果に関して、身体発達、呼吸、神経性能力を向上させる機能があること、レクリエーションを通して心理的に満足感を感じ、精神的に健康になる可能性が高いと示している。また、高齢者レクリエーションは個人の特性を踏まえ、具体的に自己を表現することができるように支援し、自己能力を発達させて認知症予防に関する支援に導くことができると示している。[9]

そこで、本章では、日本と韓国における高齢者福祉施設での実施調査ならびに参与観察を通して、日韓両国における高齢者福祉施設でのレクリエーションの現状と課題を検討するものである。

2 日韓高齢障害者施設における調査概要

（1）調査対象施設について

本章では、要介護高齢者の日常生活を活性化するレクリエーションプログラムの開発を検討し、日韓両国高齢者施設で行われているレクリエーションの内容を把握するため実態調査を試みた。調査対象は、レクリエーションに関して多様なプログラムを行い、高い評価を得ている日韓両国三九カ所（日本一九カ所、韓国二〇カ所）の入所施設と通所施設に勤務する七九四人の福祉職員を選出した。施設内において、福祉職員から観察した利用者へのレクリエーションの実態およびレクリエーションに関する意識調査を実施した。

(2) 調査対象者について

高齢者施設利用者は認知能力機能において客観的な判断ができにくいと推測されるため、調査対象者は日本福祉職員四一〇人（入所施設二八六人、通所施設一二四人）および、韓国福祉職員三八四人（入所施設二七一人、通所施設一一三人）を調査対象とした。また、日本と韓国の両国とも入所施設福祉職員が最も多く、日本は二八六人（六九・八%）、韓国は二七一人（七〇・六%）が入所施設福祉職員であった。日本と韓国施設福祉職員の所属内訳有効回答率は、日本が一〇〇・〇%（四一〇人）、韓国が一〇〇%（三八四人）であった。

(3) 調査票について

調査票の作成については、森山・土井（二〇〇九：五〇）[10]「日本の高齢者施設における余暇活動の現状と課題」に加えて、竜口（二〇一〇：四二〜五二）[11]「アクティビティ実践とQOLの向上」および、韓国のPARK（二〇〇八：一〇八〜一一七）「老人総合福祉施設レクリエーションプログラムを活性化する方法に関する研究」および、KIM（二〇〇五：七四〜八〇）[13]「施設高齢者余暇専用プログラムを活性化する方法に関する研究」等の先行研究を援用した。

加えて、日韓福祉研究者および両国高齢障害者施設職員の協力を得て、調査項目の内容的妥当性の検討を確認したうえで調査票を作成した。また、アンケート調査内容については、福祉職員の「性別」、「年齢」、「学歴」、「資格」、「宗教」などの日韓両国福祉職員の基本項目に加え、「福祉職員が参与観察した利用者のレクリエーション内容」と「活動の中で最も参加率が高いプログラム」、「福祉職員が感じた利用者のプログラム満足度」、「施設余暇活動支援に関する福祉職員の認識順位記録」、「福祉職員が感じる利用者に最も必要なレクリエーションプログラム」等を主な設問とした。

（4）分析と調査期間

分析に関してはSPSS22j for Windowを使用した。また、基本項目（性別、年齢、学歴、宗教、職務）とレクリエーション活動の差があるか否かを検討するために、基本項目とレクリエーション活動はカイ二乗検定で分析を試みた。また、有意水準を五％とした。なお、調査期間は二〇一七年六月〜二〇一八年九月までであった。

(5) 倫理的配慮

本調査は、学術的研究活動以外には使用せず、個人情報を十分に管理し、個人が特定されることなく、統計的に処理し、個人情報を遵守することをアンケート調査に明記し、調査対象者に伝えた。また、調査に協力しないことによる不利益が生じないことも同意を得た。なお、本調査は西九州大学倫理委員会の承認番号H29-21を得たうえで作成し、利益相反はない。

3 日韓高齢障害者施設における福祉レクリエーションの実態

日本と韓国調査対象者における基本属性として、性別、年齢、学歴、資格、宗教項目を尋ねた。

(1) 性別内訳

日本施設福祉職員の中で男性が一一〇人(二六・八%)、女性が三〇〇人(七三・二%)であり、女性が全福祉職員の七三・二%を占めていた。一方、韓国では男性が四六人(一二・〇%)、女性が三三六人(八八・〇%)であり、女性が全福祉職員の八八%を占めていた。また、この度の調査では、日本に比して韓国の方が女性の就労割合が約一五ポイント高い結果となっており、介護現場は女性の就労率が両国ともに高い結果となった。日本と韓国福祉職員の性別内訳有効回答率は、日本が一〇〇・〇%(四一〇人)、韓国九九・五%(三八二人)であった。

（2） 年齢内訳

日本施設職員では、五〇代年齢層が一〇九人（二六・五％）、韓国施設においても五〇代が一九四人（五〇・五％）で最も多かった。このことから、両国とも五〇代年齢層職員が最も多くを占めていた。日本は三〇代から五〇代が全体の二九五人（七二・〇％）を占めており、韓国では四〇代から六〇代の職員が全体の二九五人（七六・八％）を占めていた。このことから、日本に比して韓国の福祉施設職員の年齢層が高いことが明らかとなった。日本と韓国福祉職員の年齢内訳有効回答率は日本が九八・五％（四〇四人）、韓国が九三・二％（三五八人）であった。

（3） 学歴内訳

日本と韓国の両国とも高校卒業の職員が最も多く、日本は一七八人（四三・四％）、韓国は一五〇人（三九・一％）であった。特に韓国では大学卒業生が八九人（二三・二％）であった。この度の調査では、大学院進学者について日本は存在しなかったが、韓国は二一人（五・五％）が大学院進学者であり、韓国福祉職員は日本に比して高学歴化の傾向にあった。日本と韓国職員の学歴内訳有効回答率は日本が九八・五％（四〇四人）、韓国が九八・一％（三七七人）であった。

（4） 資格内訳

日本と韓国の両国ともに最も多い資格は「介護福祉士」（日本）と「療養保護士」（韓国）であり、日本が一三四人（三三・〇%）、韓国が二一三人（五五・〇%）であった。特に韓国では、調査対象者の半数以上が療養保護士であった。また、社会福祉士について日本は五〇人（一二・〇%）であったが、韓国は五八人（一五・〇%）であり、この度の調査では、日本に比して韓国ではレクリエーション実践においてソーシャルワークの視点を持った福祉職員の配置割合が高い傾向であった。

一方、その他の福祉職員（例えば、理学療法士、看護師など）の有資格者については、韓国は一一〇人（二九・〇%）に比して、日本は一三二人（三二・〇%）であった。このことから、韓国に比して日本の方が福祉と医療の協働による多職種連携の割合が高いことが明らかになった。日本と韓国福祉職員の資格内訳有効回答率は、日本が八七・一%（三五七人）、韓国が九九・二%（三八一人）であった。

（5）宗教内訳

日本福祉職員は、仏教を信仰する職員が二五二人（六一・五%）で最も多い割合を占めていた。一方、韓国ではキリスト教を信仰する福祉職員が二二四人（五八・三%）で最も多い割合を占めていた。日本と韓国福祉職員の宗教内訳の有効回答率は日本が九〇・五%（三七一人）、韓国が九八・〇%（三七六人）であった。

（6）「参加率」が高い福祉レクリエーションプログラムについて

日本福祉職員三一〇人（七五・六%）が「歌」を最も多く選択した。次いで、一二三六人（五七・五%）が「運動」を選択し、八〇人（一九・五%）が「ゲーム」を選択していた。一方、韓国では、韓国福祉職員二四三人（六三・三%）が「歌」を最も多く選択し、次いで、一七七人（四六・一%）が「健康管理」を選択していた。また、九三人（二四・二%）が「運動」を参加率が高い福祉レクリエーションプログラムとして選択していた。この度の調査では、日韓両国ともに、福祉職員が判断する利用者の参加率が最も高いプログラムは「歌」であることが明らかになり、両国福祉職員が「運動」を多く選択していた。

（7）福祉レクリエーションプログラムの「内容」について

日本福祉職員による福祉レクリエーションプログラムについては、三四五人（八四・一%）が「テレビ観賞」をいつも好んでいた。次いで、二六九人（六五・六%）が「茶話会」をいつも好んでおり、二〇九人（五〇・九%）が「運動」をいつも好んでいた。また、一四五人（三五・三%）が「趣味活動」をいつもレクリエーションプログラムに用いている傾向画であった。

さらに、一二五人（三〇・四%）が「文化活動」を一カ月一～二回好んでおり、一〇四人（二五・三%）が「家族、知り合い、友達との交流」を一カ月一～二回レクリエーションプログラムとして用いていた。

一方、韓国の場合は、三三二人（八〇・一%）が「テレビ観賞」をいつも好んでいた。また、一九〇人（四九・五％）が「運動」をいつも好んでおり、一五四人（四〇・一％）が「茶話会」をいつもレクリエーションプログラムとして用いていた。

加えて、一二五人（三〇・五％）が「宗教活動」を一週間一回好んでおり、九六人（二五・九％）が「趣味活動」を一週間一回レクリエーションプログラムに用いていた。さらに、一五六人（三八・〇％）が「家族、知り合い、友達との交流」を一カ月一～二回好んでいた。また、一三九人（三六・二％）が「文化活動」を一カ月一～二回好んでおり、一二六人（三二・八％）が「観光旅行」も一カ月一～二回レクリエーションプログラムとして提供していた。

（8）福祉レクリエーションプログラムの「満足度」について

日本福祉職員による福祉レクリエーションプログラムの満足度においては、「音楽・楽器（合唱、カラオケ等）」について、一二四人（三〇・二％）がおおよそ満足していた。加えて、「生活体操（エアロビクスダンス、民族体操等）」については、一三六人（三三・二％）が普通に満足し、「老人運動（生活体育—卓球等）」についても日本福祉職員一二五人（三〇・五％）が普通に満足していた。加えて、「ストレス解消（気功、ヨガ等）」に日本福祉職員一〇四人（二五・三％）が普通に満足していた。また、「娯楽、社交（ダンス、フォークダンス等）」についても九七人（二三・六％）が普通に満足しており、「民謡（国の固有の音楽等）」についても八八人（二一・四％）が普通に満足していた。

操（エアロビクスダンス、民族体操等）」について一五〇人（三九・一％）がおおよそ満足し、加えて「音楽、楽器（合唱、カラオケ等）」について、一三七人（三五・六％）がおおよそ満足していた。「民謡（国の固有の音楽等）」について、一〇四人（二七・一％）がおおよそ満足していた。また、「ストレス解消（気功、ヨガ等）」について、一一六人（三〇・二％）が普通に満足し、加えて、「娯楽、社交（ダンス、フォークダンス等）」について一一五人（三〇・〇％）が普通に満足していた。「老人運動（生活体育―卓球等）」については一一二人（二九・一％）が普通に満足していた。

総じてこの度の調査では、日韓両国とも福祉職員が「音楽・楽器（合唱、カラオケ等）」についておおよそ満足していること、「娯楽、社交（ダンス、フォークダンス等）」、「老人運動（生活体育―卓球等）」、「ストレス解消（気功、ヨガ等）」について普通に満足していることが明らかになった。

（9）日韓福祉職員による福祉レクリエーションプログラムの満足度

日韓福祉職員による満足度を見ると、日本は福祉レクリエーションプログラムに「不満足」な福祉職員が一七二人（四一・九％）と最も多かった。一方、韓国の福祉レクリエーションプログラムにおいては、「おおよそ満足」している福祉職員が二〇三人（五二・八％）で最も多い割合を占めていた。このことから、日本に比して、韓国の福祉職員の方がレクリエーションに満足している利用者が多いと受け止めている割合が多い結果となった。

（10）基本属性とレクリエーション内容の日韓比較について

日本と韓国福祉職員の基本属性と職員が感じた施設利用者のレクリエーション活動に関するカイ二乗検定相関関係において、日韓両国とも「福祉職員学歴とラジオ聴取」、「福祉職員学歴と文化活動」、「福祉職員所属と将棋・花札」、「福祉職員所属と趣味活動」、「福祉職員所属と運動」、「福祉職員所属と家族や知り合い・友人との交流」、「福祉職員所属と宗教活動」、「福祉職員宗教とテレビ観賞」、「福祉職員宗教と学習活動」、「福祉職員宗教と宗教活動」、以上の一〇項目で有意関係が明らかであった。日本と韓国福祉職員基本属性と福祉職員による福祉レクリエーションプログラム内容におけるカイ二乗検定相関の結果、日韓両国とも「学歴」と「ラジオ聴取」、「文化活動」、「所属」と「将棋・花札」、「趣味活動」、「運動」、「家族や知り合い・友達との交流」、「宗教活動」について有意な関係であった。さらに、「宗教」と「学習活動」、および「宗教活動」項目で共通の有意関係が明らかになった。

また、日韓両国ともに最も回答率が多い項目は、日本調査の基本属性では、全体四一〇人のうち「高い就労率の女性職員」（三〇〇人、七三・二％）を配置している。また、「五〇代年齢層職員割合」（一〇九人、二六・五％）、「福祉と医療の協働による多職種連携の実態」（一三二人、三二・〇％）、「介護福祉士有資格者の実態」（一三四人、三三・〇％）、「仏教信仰の職員割合」（二五二人、六一・五％）について福祉職員回答率が多かった。また、レクリエーションに関する福祉職員への質問項目では「施設利用者がレクリエーションの際にいつも行う活動とテレビ観賞（三四五人、八四・一％）」、「施設利用者が

表 12 － 1　日韓両国ともに最も回答率が多い項目

		日本	韓国
基本属性	性　別	「就労率の高い女性福祉職」 300 人，73.2%	「就労率の高い女性福祉職員」 336 人，88.0%
	年　齢	「50 代年齢層職員割合」 109 人，26.5%	「50 代年齢層職員割合」 194 人，50.5%
	学　歴	「高校卒業職員の高い割合」 178 人，43.4% 「大学院進学者の割合」 0 人，0.0%	「高校卒業職員の高い割合」 150 人，39.1% 「大学院進学者の高い割合」 21 人，5.5%
	所　属	「入所施設職員の高い割合」 286 人，69.8%	「入所施設職員の高い割合」 271 人，70.6%
	資　格	「介護福祉士有資格者の実態」 134 人，33.0% 「福祉と医療の協働による多職種連携」 132 人，32.0%	「療養保護士有資格者の実態」 213 人，55.0%
	宗　教	「仏教信仰福祉職員割合」 252 人，61.5%	「キリスト教信仰福祉職員割合」 244 人，63.6%
	福祉職員による福祉レクリエーションプログラム	1 位「歌」 310 人，75.6% 2 位「運動」 236 人，57.5% 3 位「ゲーム」142 人，34.6%	1 位「歌」 243 人，63.3% 2 位「健康管理」177 人，46.1% 3 位「運動」 93 人，24.2%
レクリエーション内容	福祉職員による福祉レクリエーションプログラム内容	1 位「レクリエーションの際にいつも行う活動とテレビ観賞」 345 人，84.1% 2 位「レクリエーションの際にいつも行う活動と茶話会」 269 人，65.6% 3 位「レクリエーションの際にいつも行う活動と運動」 209 人，50.9%	1 位「レクリエーションの際にいつも行う活動とテレビ観賞」 332 人，80.1% 2 位「レクリエーションの際にいつも行う活動と運動」 190 人，49.5% 3 位「レクリエーションの際にいつも行う活動と茶話会」 154 人，40.1%
	福祉職員による福祉レクリエーションプログラムの満足度	1 位「利用者が普通に満足するプログラムの満足度と生活体操（エアロビクスダンス，民族体操等）」 136 人，33.2% 2 位「利用者が普通に満足するプログラムの満足度と老人運動（生活体育一卓球等）」 125 人，30.5% 3 位「利用者がおおよそ満足するプログラムの満足度と音楽，楽器（合唱，カラオケ等）」 124 人，30.2%	1 位「利用者がおおよそ満足するプログラムの満足度と生活体操（エアロビクスダンス，民族体操等）」 150 人，39.1% 2 位「利用者がおおよそ満足するプログラムの満足度と音楽、楽器（合唱，カラオケ等）」 137 人，35.6% 3 位「利用者が普通に満足するプログラムの満足度とストレス解消（気功，ヨガ等）」 116 人，30.2%
	施設で行われるレクリエーションによる福祉職員満足度	不満足な福祉職員の割合 172 人 41.9%	おおよそ満足な福祉職員の割合 203 人，52.8%

ションの際にいつも行う活動と運動」（二〇九人、五〇・九%）、「参加率が高いレクリエーションプログラムと歌」（三一〇人、七五・六%）、「参加率が高いレクリエーションプログラムと運動」（二三六人、五七・五%）、「参加率が高いレクリエーションプログラムとゲーム」（一四二人、三四・六%）、「利用者がおおよそ満足するプログラムの満足度と音楽、楽器（合唱、カラオケ等）」（一二四人、三〇・二%）、「利用者が普通に満足するプログラムの満足度と生活体操（エアロビクスダンス、民族体操等）」（一三六人、三三・二%）、「利用者が普通に満足するプログラムの満足度と老人運動（生活体育―卓球等）」（一二五人、三〇・五%）、「施設で行われるレクリエーションの満足度と不満足職員の現状」（二〇三人、四九・五%）の以上一五項目で職員選択率が多かった。なお、日韓両国ともに最も回答率が多い項目は表12－1に示すとおりである。

4 日韓高齢障害者施設における福祉レクリエーションの課題と展望

（1） 日本福祉レクリエーションの特徴

滝口（二〇一〇：四三）によると、日本の福祉施設では、福祉レクリエーション実施の際にゲーム、ソング、ダンス（GSD）のみではなく、レクリエーションを通して、利用者が人生を肯定的に紐解いていくストレングスの増幅を重視している。[14] 加えて、川廷（二〇〇三：一四～一七）は、レクリエーションを楽しむ人も、その人なりに「個性」をもち、その人なりに「自由」に「自己表現」を認めつ

表 12 − 2　日本と韓国のレクリエーション対比表

	日本	韓国
目的	QOL 向上	ADL 向上
主な呼称	福祉レクリエーション	治療レクリエーション
アプローチ	生活モデル	治療モデル
方法	GSD，回想法，動的，静的活動	GSD，回想法，運動，主として動的活動，リハビリテーション（社会生活技術訓練サービス）
特徴	精神的充足感 心身の健康への支援 自己実現を目指す自己および他者とのコミュニケーション	社会的コミュニケーション 治療を補う

（出所）　千葉（1993）[6]，滝口（2010）[14]，川廷（2003）[15]，奥野（2013）[17]，PARK（2008）[9]，HONG（2006）[18]，韓国社団法人治療レクリエーション協会ホームページ[19]より著者作成。

れている存在で、レクリエーションを楽しむ人はその楽しみのために、また楽しみをより大きくするために、レクリエーション・ワーカーによる援助を買っているのだともいえる[15]。

さらに、日本の福祉レクリエーションは福祉サービスの一部としてレクリエーションを取り入れて行われる活動を『福祉レクリエーション』と称する考え方であると示している（川廷二〇〇三：九）[16]。

奥野（二〇一三：四八一～四八二）は、日本レクリエーション協会が一九九四年より「福祉レクリエーション・ワーカー」の育成を開始し、最近は福祉レクリエーション・ワーカーがレクリエーション運動の両輪となって、中心的な役割を担っていると報告している[17]。

(2) 韓国治療レクリエーションの特徴

一方、韓国のHONG（二〇〇六：三）は、治療レクリエーションについて、「病院レクリエーション」や「医療レクリエーション」とは異なり、患者個人個人の成長を求め、身体的、情緒的、社会的変化を起こすことを目的とするレクリエーションであるとしている。このことは、利用者の余暇生活様式の開発、維持、表現を促進させることにもつながると示している[18]。また、韓国においては、治療レクリエーション協会が定義したレクリエーションに基づき、余暇生活質的向上を目標とした専門的なレクリエーションとして「治療レクリエーション」が位置づけられている。これは日常生活の適応能力を高めることを中心にしたレクリエーションを意味する[19]。韓国レクリエーション資格に関しては社団法人治療レクリエーション協会から教育を受けたレクリエーション指導者一級資格を有する者が中心的に役割を担っている[20]。また、治療という医学モデルの名称を除いては、生活モデルを基盤とする日本のレクリエーションと人生の再創造という理念では共通していることがわかる[21]。以上のことから日本と韓国の福祉レクリエーションを整理すると表12-2のとおり示すことができる。

(3) 福祉レクリエーションの課題と展望

日本アンケート調査結果のうち、「高い就労率の女性福祉職員の割合」に関して、公益財団法人介護労働安定センター（二〇一六：一三）は、介護職従事者全体約二〇万五五九人の中で男性が約四万一一一四人、女性が一五万九四四五人であり、女性職員構成割合が男性職員より、約四倍多い現状であると示していた。また、社会保障審議会福祉部会（二〇一四・七）は、介護職に常勤として働いている平均年齢は四〇・七歳であり、男性の平均年齢は三九・三歳、女性は四一・二歳で女性の平均年齢が男性より一・九歳高い現状であると示していた[23]。また、「福祉と医療の連携による多職種連携の実態」に関して、竹田（二〇一七：六五〇）は日本ではケアマネジメントが発達し、医療や看護、リハビリ、介護分野で、専門性が高くなっており、ニーズに応じて多様な専門職を活用していくことが求められていると述べていた。さらに一貫した方針と手法に基づいてサービスが提供されなければ、無用な資源の消費を引き起こすだけでなく、支援を受ける人の生活に混乱が生じるので、このような状態を回避するためには、医療と介護の一体的なケアマネジメントを実施できる総合的かつ実践的な方法論の確立が必要になると報告している[24]。

加えて、「仏教信仰福祉職員の高い割合」に関しては、澤野（二〇一一：九五）は仏教の「慈悲」や「菩薩行」の概念と社会福祉の行為が重ねられて論じられるものが非常に多い傾向であると示し、「慈悲」や「菩薩行」が、仏教においては生命線とも言える最重要概念であると示し、福祉と仏教の関連性を主張している[25]。

さて、「福祉職員による福祉レクリエーションプログラム内容」と「テレビ観賞」に関して、小田（二〇〇一）は神戸市在住の六五歳以上の男女五〇〇〇人を調査対象とし、高齢者のテレビ視聴率を算出した結果、六五歳以上二五六八人の中で、九九三人（三八・七％）がテレビ視聴していることが明らかになった[26]。また、「福祉職員による福祉レクリエーションプログラムの満足度」と「音楽、楽器（合唱、カラオケ等)」の関係について、松井(二〇〇四:一)による音楽療法効果は、音楽の持っている様々な心理的、生理的、社会的働きを利用した治療、リハビリテーション活動、保健活動、教育的活動などを総括的に援用していた。[27] さて、日本と韓国両国福祉施設に示される福祉レクリエーション活動に関する課題として、森山ほか(二〇〇九:六四)は日本にはアメリカにあるCTRS(セラピュティック・レクリエーション・スペシャリスト)というレクリエーション専門資格がないので、「レクリエーション専門知識=ゲームなどのレクリエーション活動のネタをいくつ持っているか」と誤解している人も少なくないとしている。[28]

韓国アンケート調査結果のうち、「高い就労率の女性福祉職員」に関して、韓国統計庁(二〇一六)による結果を見ると、二〇一六年時点で、保健および社会福祉関係事業に勤務する一六一万二八一六人の中で男性が三二万五七五四人、女性が一二八万七〇六二人で女性職員の割合が男性職員より、約四倍多い傾向であった。[29] また、「福祉職員高学歴実態」に関しては、韓国職業能力開発院(二〇一七)が報告した結果によると、二〇一三年韓国修士課程、博士課程学位所有者が約八八万人であり、学歴社会傾向は一九九〇年以降から修士課程、博士課程学位所有者が増加している。[30] 「福祉職員高学歴実態」について、OH(二〇一〇:二〇七~二〇八)は、韓国学歴主義議論の中では、能力主義、帰属主義議論があり、近代社会以降韓国社会は多様な職業が新しく形成され、能力主義は、個人の能力によって、社会経済的保障を支援する必要性を意味していると主張している。[31] さらに、JANG・JU・JANG(二〇一五:一八)は、帰属主義は個人の能力と関係なく、親、親の学歴、職業によって決定される社会構造を意味すると示している。

このことから、韓国における高学歴化は、本人ならびに家族の生活状況においても大きな影響を与えている。「療養保護士有資格者の実態」に関して、SEO・KIM・MOON・LEE・KO（二〇一七：七七）では、福祉施設職員資格の中で、療養保護士資格の割合がほかの資格よりかなり高かった。二〇一〇年よりも前の時代では、韓国で療養保護士養成教育は学歴、年齢に制限されることなく、誰でも教育課程を受け、実習指導を受けることのみで、受験しなくても療養保護士資格が付与された。しかし、療養保護士の専門性、質を高めるため、二〇一〇年八月から療養保護士資格試験を実施している現状である(33)。MOON（二〇一一：一二）は正式試験の実施を始めてから二〇一〇年一二月末を基準として、九八万三八二三人が養成された。これは二〇〇八年四月基準九九五二人の療養保護士と比べて約九八倍増加した人数であると報告している(34)。加えて、SEO・KIM・MOON・LEE・KO（二〇一一：八二）は、療養保護士の年齢、および学歴制限がない状態なので、低学歴、高年齢女性が仕事しやすい職種が療養保護士であると主張している(35)。

また、KIM（二〇一二：三）は「キリスト教信仰の福祉職員割合」に関して、キリスト教は多様な施設資源、専門的な人的資源、体系的な組織で構成され、キリスト教思想に含まれている隣人との交流、ボランティア精神などは、社会福祉の資源であると述べている(36)。加えて、韓国でプロテスタント、キリスト教の伝来と社会福祉実践成果は伝統社会から近代社会に変わることよって影響を与え、現在まで続いてプロテスタントはキリスト教社会福祉実践で寄与していると示している（CHO 一九九八：四六～四七）[37]。

さて、「福祉職員による福祉レクリエーションプログラム内容」と「テレビ観賞」に関して、JUNG（二〇一〇：一～二）は高齢者の余暇活動に影響を与える変数を把握したうえで、余暇生活の質を高めるために二〇〇九年一〇月二一日から一一月一二日まで釜山広域市に居住する六〇歳以上高齢者三一一人を対象とした調査結果によると、高齢者参加率が高い項目はテレビ観賞、ラジオ聴取、散歩であり、多くの高齢者がテレビ観賞を楽しんでいると報告している[38]。

また、高齢者の教育水準と余暇活動相関関係によって、KIM（二〇一一：六七）は教育水準が高い高齢者ほど、レクリエーション活動の範囲が増幅され、レクリエーションに満足感を感じると主張していた[39]。加えて、KIM（二〇〇五：六〇）も韓国施設プログラムの問題の中で、プログラム実施者の専門性不足の問題があると指摘していた[40]。

このことからも、福祉レクリエーション援助は、人生の豊かさを追求するためのプログラム開発が重要となる。これについては、A-PIEプロセスによるA（アセスメント）、P（計画）、I（実施）、E（評価）の循環プロセスが重要となる。そのためにも本章で示された利用者反応が高いプログラムメニューおよび趣味や特技をエンパワーメントに導く支援方法の開発が求められるところである。今後はA-PIEプロセスを用いた高齢者へのソーシャルワーク実践を証明する可視化の検討がより一層求められるところである。

付記

本章は、「二〇一六～一七年度ワンアジア財団」と「二〇一七年度～二〇一九年度科学研究費補助金（C）（課題番号17K04290）」および「私立大学ブランディング事業」（西九州大学）ならびに「日本福祉文化学会福祉文化研究・調査プロジェクト」研究助成による研究の一環である。

【引用・参考文献】

（1）金明中（二〇一五）『日韓比較（3）：高齢化率―二〇六〇年における日韓の高齢化率―』ニッセイ基礎研究所。http://www.nli-research.co.jp/report/detail/id=42585?site=nli（閲覧日二〇一八年一〇月六日）
（2）韓国統計庁（二〇一四）「六五歳以上高齢状況」『二〇一六年将来人口推計』（二〇一四年九月二九日）。http://kostat.go.kr/portal/korea/kor_nw/2/1/index.board?bmode=read&aSeq=330349（閲覧日二〇一八年一〇月一四日）
（3）金明中、前掲書（1）。（閲覧日二〇一八年一二月三日）
（4）総務省（二〇一六）「統計からみた我が国の高齢者」http://www.stat.go.jp/data/topics/pdf/topics97.pdf（閲覧日二〇一八年一二月三日）
（5）韓国統計庁（二〇一六）「六五歳以上高齢状況」『二〇一六年将来人口推計』（二〇一四年九月二九日）。http://kostat.go.kr/portal/korea/kor_nw/2/1/index.board?bmode=read&aSeq=330349（閲覧日二〇一八年一二月三日）
（6）千葉和夫（一九九三）「高齢者レクリエーションの必要性」『高齢者レクリエーションのすすめ』中央法規出版、七四ページ。

（7）佐藤陽子（二〇〇四）「高齢者障害者のレクリエーション活動」『信州大学医学部保健学科』、一九一ページ。

（8）OH HYANGSHIM（二〇一三）「高齢者余暇活動が心理的安定感に与える影響」JEJU大学校教育大学院相談心理専攻、三ページ。

（9）PARK SANGRYUL（二〇〇八）「老人館のレクリエーションプログラムを活性化する方法に関する研究」DONG-GUK大学校行政大学院、九～一四ページ。

（10）森山千賀子・土井晶子（二〇〇九）「日本の高齢者施設における余暇活動の現状と課題―QOLの向上に効果的な余暇活動とは―」『白梅学園大学・短期大学紀要』四五号、五〇ページ。

（11）滝口真（二〇一〇）「認知症高齢者専用棟におけるレクリエーション活動―個人を尊重してエンパワーメント―」日本福祉文化学会編集委員会編『アクティビティ実践とQOLの向上』明石書店、四二～五二ページ。

（12）PARK SANGRYUL、前掲書（9）、一〇八～一一七ページ。

（13）KIM SUNG-GON（二〇〇五）「施設高齢者の余暇選用プログラムを活性化する方法に関する研究」KE-MYUNG大学政策大学院、七四～八〇ページ。

（14）滝口真、前掲書（11）、四三ページ。

（15）川廷宗之（二〇〇三）「レクリエーション活動の意義」「福祉や介護における『レクリエーションの考え方』」および川廷宗之・広池利邦・大場敏治（二〇一五）『新版　レクリエーション援助法』建帛社、一四～一七ページ。

（16）同上書（15）、九ページ。

（17）奥野孝昭・大西政告・吉田祐一郎（二〇一三）「レクリエーション活動の意義に関する一考察」『日

天王寺大学紀要』四八一〜四八二ページ。

(18) HON GSUNGAH (二〇〇六) 韓国レクリエーション協会「治療レクリエーションの定義」、三ページ。

(19) 韓国レクリエーション協会「治療レクリエーションの定義」https://www.ktra.com:451/data_01.htm (閲覧日二〇一八年五月二九日)

(20) 韓国レクリエーション資格、韓国社団法人治療レクリエーションホームページ。http://www.recreation.or.kr/ (閲覧日二〇一八年六月一四日)

(21) 前掲書 (18)、三ページ。

(22) 公益財団法人介護労働安定センター (二〇一六)「職種別従事員数」『介護労働の現状について―平成二八年度介護労働実態調査―』(二〇一七年八月四日公表)、一三ページ。http://www.kaigocenter.or.jp/report/pdf/h28_roudou_genjyou.pdf (閲覧日二〇一八年一二月五日)

(23) 社会保障審議会福祉部会 (二〇一四)「介護人材の確保について」(平成二六年一一月一八日)、七ページ。https://www.mhlw.go.jp/file/05-Shingikai-12601000-Seisakutoukatsukan-Sanjikanshitsu_Shakaihoshoutantou/0000065765.pdf (閲覧日二〇一八年一一月二二日)

(24) 竹田幹雄 (二〇一七)「医療・介護連携の強化に向けたケアマネジメント体制のあり方―多職種による新たな連携システムの検討―」川崎市健康福祉局企画課『保健医療科学』、六五〇ページ。

(25) 澤野純一 (二〇一一)「仏教と社会福祉の関係性に対する試論」『花園大学社会福祉学部研究紀要』第一九号、九五ページ。

(26) 小田利勝 (二〇〇一)「高齢者のテレビ視聴時間と番組選好」「高齢者のテレビ視聴時間」『神戸大学発達科学部研究紀要』8 (2)。http://www2.kobe-u.ac.jp/~oda/TV.html (閲覧日二〇一八年一一月二二日)

（27） 松井紀和（二〇〇四）『音楽療法家のための音楽療法の手引』牧野出版、一ページ。

（28） 前掲書（10）、六四ページ。

（29） 韓国統計庁（二〇一六）「市道産業従事者規模別現状—保健・社会福祉系従事者現状—」http://kosis.kr/statHtml/statHtml.do?orgId=101&tblId=DT_1KB6002&vw_cd=MT_ZTITLE&list_id=J_20_1&seqNo=&lang_mode=ko&language=kor&obj_var_id=&itm_id=&conn_path=MT_ZTITLE（閲覧日二〇一八年一二月五日）

（30） 韓国職業能力開発院（二〇一七）「韓国社会の学歴主義とポストNCS-4.韓国教育及び職業訓練の変化」『学歴主義の改革』、二六〜二七ページ。

（31） OH WOOKWHAN（二〇一〇）『ウェーバパラダイム教育社会学の構想』SEOUL BAEWHA女子大学校出版部、二〇七〜二〇八ページ。

（32） JANG JUHEE・JU HUIJUNG・JANG WONSUB（二〇一五）「青年層雇用確立のための職務量中心採用システム研究」韓国職業能力開発院、一八ページ。

（33） SEO DONGMIN・KIM WOOK・MOON SUNGHYUN・LEE YOUNGJAE・KO YOUNG（二〇一七）「長期療養経歴開発及び専門性強化方案」BAEKSEOK大学産学協力団、七七ページ。

（34） MOON ANSOO（二〇一一）「療養保護士職業による専門性意識に関する研究」HANSEO大学情報産業大学院高齢者福祉学科、一一ページ。

（35） 同上書（33）、八二ページ。

（36） KIM MOONCHAN（二〇一二）「韓国キリスト教社会福祉実践事例研究」SEOUL KC大学一般大学院社会福祉学科、三ページ。

（7） CHO INSU（一九九八）「キリスト教社会福祉活動の歴史的背景に関する研究」

会開発大学院　四六～四七ページ。

（38）　JUNG YUNGSOOK（二〇一〇）「高齢者の余暇活動参与に影響を与える変数」Korea National Open 大学平成大学院家庭学科、一～二ページ。

（39）　KIM JUSEOK（二〇一一）「高齢者余暇活動問題点と対策移管する研究」KOREA大学人文情報大学院社会福祉学科高齢者福祉専攻、六七ページ。

（40）　KIM SUNG-GON、前掲書（13）、六〇ページ。

（滝口　真）

（趙　廷仁）

第13章 アジア高齢社会における地域福祉のまちづくり・ひとづくり

今日は基調講演ということで、シンポジウム全体のアウトラインや問題提起のお話をさせていただきたいと思います。西九州大学ではアジアへ向けた活動をされているので、日本がこれまで学んできたことをアジアの方々に伝えるという観点からのシンポジウム開催だと思っています。私は、立派な識見があるわけではなく、またアジア諸国で生活をしたこともありません。ですから、現在やっている仕事や社会的活動から考えていることをもとに話を進めたいと思います。

1 日本における最近の福祉をめぐる状況

最初に日本における最近の福祉をめぐる状況を考えます。今、日本は、福祉の面で大きな岐路に立っています。トランプ大統領が誕生しましたが、世界は分裂社会になり、国際的にも大変厳しい時代になりました。その中にあって、日本は、人類が経験したことのない福祉の問題に直面しています。

人類が初めて経験することに日本が挑戦するので、後に続くアジア諸国にもこの経験は役立つでしょう。

2　人口減少社会に入る

日本は、人口が減少しています。世界の歴史を見ると人口が減少した国はあるが、人口が減少して栄えた国はありません。日本だけが努力をしないで、例外になれるわけはありません。人口減少社会にどう対応したらよいのでしょうか。

第一は、出生率を上げることです。しかし仮に今、出生率が回復しても、それが効果を持つには三〇年程度の時間を要するので、即効性はありません。

第二は、女性、障害者、高齢者などがもっと社会進出することです。これは現在、安倍政権が進めています。

第三は、外国人の導入です。国民に世論調査をすれば、過半数以上の人は「治安が悪くなるから反対」と回答するでしょう。しかし、私は、人口減少対策だけではなく、グローバル化を進めるという面からも外国人を入れるべきだと思っています。

私は、四〇年前にイギリスで福祉の勉強をしました。そのとき、イギリスでは自分が外国人であっす。このような社会が当たり前ではないでしょうか。多様性が日本社会にも必要ではないでしょうか。

ただし、これはこれから国民的議論をしていかなければなりません。

福祉分野で外国人にどのような形で活躍してもらうか。現在、安い労働力として使うだけじゃないかとか、いろいろと批判があります。出す方にも、受け入れる方にもメリットがあるということを大前提にしなければなりません。

第四は、二〇一七年から技能実習制度が拡充されました。その中に「介護」も取り上げられ、五年程度、日本で働いていただくことも可能になりました。私は、福祉関係の六〇〇の施設・事業の経営に当たっていますが、これから外国人の活用を検討していきます。この場合は、「ウイン・ウインの関係」で考えなくてはいけません。技能実習制度でアジアの方々が日本で働きながらしっかりと学べるようにしていきたいのです。

第五は、ロボットについても積極的に取り組んでいきたい。最近のロボットは、大変効果的で、病院ではロボットを一部入れています。ロボットを福祉の現場でも使っていくことも必要です。例えば、働く人の腰痛対策、利用者のリハビリ、高齢者の癒やしなどに役に立つと思います。

3 人類が未体験の少子超高齢者社会へ

日本が直面している少子超高齢社会は、人類が初めて経験をしている問題です。六五歳以上の人口が七％を超える高齢化社会を一九六〇年に通過し、二倍の一四％を超える高齢社会を一九九四年に通過し、さらに三倍の二一％を超える超高齢社会を二〇〇七年に通過しました。現在、世界で超高齢社会になっている国は四つで、日本、イタリア、ギリシャ、ドイツです。その中で日本が二六％を超え、世界でトップになります。

人類が初めて到達している超高齢社会をどのようにして乗り切るか。アジアの人も、日本はどのようにして超高齢社会を乗り切るかを見ています。

「二〇二五年問題」は、すべての団塊世代の人が、七五歳以上になる二〇二五年に医療や介護に大きな問題を生じ、これをいかに乗り切るかという問題です。例えば、介護を適切に受けられない人、介護をする人が疲れ果てて被介護者を虐待してしまう。現在二週間に一件、介護に伴う苦労から殺人事件が発生しています。この実情を見ると、涙が出るような状況に追い込まれていたものが大半です。また、認知症高齢者の増加も大変な問題になっています。

さらに単身高齢者の増加に伴い、問題が生じています。例えば、孤立死、孤独死、無縁死の問題です。日本では年間三万人が孤独死していると推計されています。

4　深刻化する子どもの貧困

この世の中には問題をあげれば切りがありません。例えば、貧困の問題、特に子どもの貧困です。子ともの七人に一人の家庭が貧困家庭です。昔は、貧困家庭の子どもほどよく勉強して、歯を食いしばって、よい大学に入って、よい生活をするのだといって頑張ったものですが、今は事情が変化しました。

東京都足立区では、二〇一五年度、区内の貧困家庭の子どもとその他の子どもを比較して調査すると、貧困家庭の子どもの健康状態が劣ることが明らかになりました。お茶の水女子大学の研究グループが、所得と全国学力テストとの相関関係を調べました。これも裕福な家庭の子どもほど成績がよく、貧困家庭の子どもは、成績が悪いという結果が出ています。小学校時代の学力や健康面のハンディキャップが社会に出ても影響するので、貧困家庭の子どもは、ずっと貧困に陥ってしまいます。この貧困の承継という問題をどこかで絶たなくてはいけません。

5　進まない障害者の社会参加

次は、障害者の社会参加の問題です。特に精神障害者の就労は偏見からなかなか広がりません。神奈川県の「津久井やまゆり園」殺人事件は、悲惨な事件でした。ただ一人の男の犯行というだけでなく、背後には社会全体の障害者に対する偏見、差別があります。

私はドイツの福祉を高く評価しています。三年前にドイツのベルリンに出張したとき、グレンツファールホテルに泊まりました。そこでは三九人が働いていて、そのうち三一人が障害者でした。障害者が普通の人と同じように働いていました。障害者が働いているホテルということを宿泊者の四分の三の人は知らないで利用し、サービスに満足して、また利用している。ドイツでは、障害者も一人の労働者として働いています、障害者の置かれている状況が日本とヨーロッパでは三〇年以上の格差があると感じています。

6 刑務所出所者の社会復帰の壁

もう一つの問題として挙げると、刑務所出所者の問題です。現在、受刑者のうち一〇％以上が六五歳以上です。また、障害を有する人も多い。刑務所から出てもすぐに働く場所がない。受け入れる施設がない。そのために再び罪を犯してしまう。これが日本の今の実情です。これを絶つためには、刑務所から出た人も仕事ができるようにしなければなりません。

二〇一五年度から済生会では、山口刑務所から委託を受けて受刑者に対してホームヘルパー初任者の資格取得研修を行っています。二〇一五年度は一〇人を対象に二回実施しました。私も講義しましたが、真面目に聞いてくれました。二〇一六年度は希望者が多くなり、一九人で二回実施しました。ホームヘルパーの資格を持って社会復帰をしてほしいという目的でやっています。

皆さん方の中には、資格を持っていても、元受刑者であれば社会の偏見から勤めるところがないのではないかと心配される方もいるでしょう。私も心配でした。そこで、済生会は六〇〇の福祉関係施設や事業を経営しているので、条件さえ合えば、済生会で働いていただこう。そのように言って受刑

者の方を励ましています。すでに二人の人が働いています。しかし、この試みは大海の中の一滴に過ぎません

7 アジアもいずれ同じ問題に直面する

このように日本にはたくさんの福祉問題があります。他のアジア諸国もいずれ日本と同じような問題を抱えるようになります。

現在、アジアでは非常に貧困者が多い。途上国は発展するに従って、所得格差が急速に高まっています。貧困層の人たちは、首都のマニラやジャカルタなどに集中し、スラムを形成したり、ホームレス化しています。

また、障害者も多い。済生会は三年前からベトナムのダナンがん病院とがん医療面で協力関係を持っています。がん患者以外の障害者の問題もあるのではと指摘しても、今のベトナムでは反応が弱い。そこまで財源やマンパワーの面で手が回らない状態ですが、次第に福祉についての必要性が高まっていくことでしょう。日本が既に解決する方策を持っているので、活用できるところが多いと思います。

近い将来、高齢化問題も出てくるでしょう。韓国、中国がこの問題にぶつかりつつあります。二〇一六年に上海市が経営している上海健康医学院から済生会に中国も高齢社会になるので、介護職員の養成に協力して欲しいと言われました。すでに学院の先生が、日本を訪問し、介護について勉強しています。

8　済生会の目指す地域包括ケア

日本の医療・福祉政策の大きな方向である地域包括ケアについて考えてみましょう。国の政策は、地域包括ケアの確立に向けて動いています。しかし、地域包括ケアが何なのかを本当にわかる人は少数です。厚生労働省でも人によって言っていることがばらばらです。これまで言われてきたコミュニティケアや地域ケアという概念とどう違うのかといえば、明確には分からないのです。それでも、なぜ地域包括ケアという形で日本が進まなければいけないかといえば、四つの理由があります。

一番目は、急激な高齢化に対応しなければいけないこと。

二番目は、日本は地域の力が乏しいので、これをつけなくてはいけないこと。

三番目は、一番大きいのですが、ヨーロッパの場合、わざわざ地域包括ケアという必要はなく、現実に既にやっています。例えば、イギリスではナショナル・ヘルス・サービスが、一九四八年に発足したときから家庭医、病院、地域における在宅福祉の連携を頭に置いて組まれています。一九七一年には、地域ぐるみのケアをしようとシーボーム改革が行われました。さらに、一九九〇年のコミュニティケア改革も地域で包括的にケアをしていこうという改革でした。これらはヨーロッパのどこででも行われています。

日本の場合は行政が縦割りなので、医療は医療、福祉は福祉、さらに福祉の中で施設とか在宅とこ細かく分かれています。さらに在宅福祉は、ホームヘルプ、訪問看護などと細分化されて運営されています。これが日本の状況ですから、あえて地域包括ケアと言わざるを得ないのです。

四番目は、財源が不足することです。特養や病院に入居、入院する人が増加すると、国や自治体の予算が足りなくなるという事情があります。

済生会は、地域包括ケアを進めています。しかし、国よりもっと広い方向で考えています。

一番目は対象者です。地域包括ケアの対象者は国が言う高齢者だけでなく、子ども、障害者、生活困窮者も含まれると考えます。これらの方を対象にして地域包括ケアを組み立てています。

二番目には、サービスも医療、福祉、介護だけではなく、住まい、就労、教育、余暇活動など、その人にとって必要なものをすべて含めています。

三番目には、国の地域包括ケアはすべて供給者の目で規定されていることです。これはおかしい。サービスを受けるのはあくまで利用者なのに、利用者の視点が抜け、人権が軽視されるおそれがあります。そこで利用者を中心としたサービスを実施しています。

四番目は、二〇二五年という先の問題ではなく、今の問題です。現在困っている人が多い。早急に対策を講じなければなりません。

このため、二〇一六年度から「済生会地域包括ケア連携士」の養成を始め、二〇一六年度は全国から一〇一人の方に受講していただきました。先ほど言った原則に基づいて、国よりもっと広いものを考えています。最終的には、毎年一〇〇人ずつ、五〇〇人の「地域包括ケア連携士」を養成することにしています。

しかし、済生会に不足する部門があります。特に住まいの部門です。これからの高齢者を考えると、サービス付き高齢者住宅やグループホームなどが不足している地域もあるので、この分野を拡充していきたいと思っています。

これから行う済生会の地域包括ケアは、アジア諸国にも適していると考えています。なぜならば、アジアでは、子ども、障害者、ホームレス、スラムに住む高齢者のような人たちに済生会の地域包括ケアが必要と思うからです。

アジアでは家族や地域、ボランティアも活用できます。そして、何よりも就労という面が重要です。障害者や高齢者も就労し、富を生み出す福祉が重要になっていくだろうと考えています。

9　福祉問題の背景を探る

ここまでは福祉の当面の問題を話してきましたが、これを理解するためには背景にある二つの大きな潮流を考える必要があります。これは日本だけではなく、ヨーロッパにも共通していることです。早晩アジアにもこの潮流が必ず現れてくると思われます。

一番目は、社会との関係性です。日本やヨーロッパでは家族、親族、地域社会の絆が崩れてきています。このため障害者、ホームレス、罪を犯した人たちが社会から排除されたり、孤立したりするようになりました。

二番目には、他人との濃厚な関係を拒否する傾向です。人と人とはデジタルの関係でわかりやすく言えば、メール等の関係だけでつながっています。何らかの形でつながっていないと困るけれど、顔を突き合わせるような親密な関係は煩わしいという関係になっています。これらが先に述べた福祉問題を発生させているのです。

10 ソーシャルインクルージョンの理念を中核に

ヨーロッパでは一九九〇年代から「社会的排除問題」が起こりました。しかし、ヨーロッパは、何とかしてこれを解決しようと、障害者、貧困者、若者の失業者などが地域社会の中から排除され、地域社会が崩壊してしまうという危機感のもとに行動しました。そして「ソーシャルインクルージョン」(社会的包摂)を中核的な理念に据えました。

二〇一六年一〇月、エディンバラでの「障害者リハビリテーション世界会議」に出席しました。このとき、ほとんどの国が「ソーシャルインクルージョン」の必要性を認識していました。

それでは、ソーシャルインクルージョンをどのように達成するか。例えば、障害者や高齢者などがみんな仲よく地域の中で一緒に暮らそうという掛け声だけでは効果は上がりません。五〇年前であれば、その土地に生まれたというだけでつながりができましたが、今はそうではありません。近代社会では、意識的に「一緒に働く」、「一緒に学ぶ」、「一緒に遊ぶ」など具体的なことで人と人との結びつきをつける必要があります。そのための方策として、私が全力を投入しているのが「ソーシャルファームづくり」です。

11 ソーシャルファームを設立する

ソーシャルファームは、一九七〇年代、北イタリア・トリエステの精神病院で始まりました。精神障害者がまちで働こうと思っても働く場所がない。そこで、病院のスタッフと患者さんとが一緒になって働く場をつくりました。ここで重要なのは、患者が病院のスタッフと同じ立場で働くことです。決して病院のスタッフが上に立つわけではありません。

この運動は、イタリア全土、イギリス、ドイツ、フランス、さらには東欧にも広がり、ヨーロッパで一万社以上が設立されています。

私は、日本にもこれが必要だと思っています。社会から排除されやすい障害者、難病患者、ひきこもりの青年、刑務所からの出所者、そのような人たちを社会の仲間に入れるためには仕事が大変重要です。そこで、日本の人口はヨーロッパの五分の一ですので、二〇〇〇社を設立する目標を掲げて、二〇〇八年から活動を始めました。

二〇一六年四月、超党派の国会議員によるソーシャルファーム推進議員連盟ができ、「ソーシャルファーム推進法をつくろう」と後押ししてくれました。現在の会長は、田村憲久元厚生労働大臣です。

小池百合子東京都知事は、二〇一六年九月の東京都議会での所信表明で「ソーシャルファームを都として推進する」と明言してくださいました。

日本におけるソーシャルファームは、現在一〇〇社程度ですが、一つだけ紹介させていただきます。栃木県小山市の社会福祉法人「パステル」の事業です。小山市は、養蚕業が盛んでしたが、今は廃れました。「パステル」は知的障害者の施設です。養蚕業に着目して桑を植え、葉を乾燥させて、パウダー状にして、パン、クッキーに入れたり、お茶にして、道の駅で販売しています。そうすると、昔、養蚕業をやっていた農家の方が「それじゃ、俺が教えてやる」とか「自分の畑を使ってくれ」と言われて、現在は一二〇〇本の木を植えています。

二〇一五年度には、日本商工会議所がまちづくりの対象にしてくださいました。また、この製品が栃木県で第一号の第六次産品に指定されました。

二〇一五年から養蚕業を始めたのですが。今日、養蚕業を開始するところはほとんどありません。まして、知的障害者が養蚕業を始めるのは、希有な例です。今、一万二〇〇〇匹の蚕を飼っています。障害者の方は非常に喜んで仕事をし、既に高品質の繭を出荷しています。このような形で、「ソーシャルファーム」を進めているわけです。

「ソーシャルファーム」はアジアにも適しているのではないでしょうか。アジアにはいろいろな資源があり、人口も多い。資本や財源の手当てがなくても、自分たちで開発すればよいので、アジアでもこの「ソーシャルファーム」が大変有効だと考えています。

12　済生会の挑戦

最後に、済生会がこれから進めようと思っていることをお話させていただきます。それは、新しいまちづくりに貢献していくことです。これからの病院は単に治すだけではなく、例えば、心理的な面、精神的な面、就労や教育という面など幅広い支援を提供することが必要になってきます。そういう面でお手伝いをしていく時代だと考えています。

さらに、これからの病院や福祉施設にはまち全体のまちづくりに貢献していくことが求められます。この近くの私たちの施設で言えば、熊本県のみすみ病院が好例です。みすみ病院は、地域全体に大きな貢献をしていますが、これからはさらに高齢者の働く場所づくり、場合によっては地域に医療産業や福祉産業を誘致するなど町全体を元気にすることを進めていきたいと考えています。

政府が進めている「ＣＣＲＣ構想」も、これに似たものでしょう。福祉門前町という言葉がいいのでしょうか。アメリカではスタンフォード、イギリスではオックスフォードやケンブリッジなど、「大学を中心」にしてまちができてあがっています。それと同じように、これからは「病院が中心」になっているまち、「福祉施設が中心」になっているまちというものが日本にもっとできてくるのではないでしょうか。アジアにおいても、これから「福祉が中心になるまちづくり」を行う必要があると思います。

（炭谷　茂）

第14章　アジア国際シンポジウム

アジアの時代における健康福祉プロフェッショナル人財育成―日本型福祉モデルからアジア型福祉モデルへの展望、西九州大学はいかに取り組むのか―

パネリスト：

恩賜財団済生会理事長・元環境省事務次官　炭谷　茂

参議院議員　福岡資麿

佐賀県健康福祉部医務課医療支援担当係長　日野稔邦

韓国・スンシルサイバー大学高齢者福祉学科学科長　趙　文基

社会福祉法人九州キリスト教社会福祉事業団理事長　冨永健司

社会福祉法人くだまつ平成会法人本部長　岩本昌樹

西九州大学健康福祉学部社会福祉学科学科長　滝口　真

コーディネーター：

佐賀新聞社専務取締役・編集主幹　富吉賢太郎

○西九州大学健康福祉学部教授―田中豊治

皆様、本日はようこそお出でいただきました。満員御礼を申し上げます。只今よりアジア国際シンポジウムを開催させていただきます。とてもすてきなパネリストの方々ばかりで、一分一秒でも惜しいので、早速、シンポジウムに入りたいと思います。佐賀新聞社の富吉先生にコーディネーターをお願いしています。どうぞよろしくお願いします。

○佐賀新聞社専務取締役・編集主幹―富吉賢太郎

炭谷先生の講演はいかがだったでしょうか。久々に究極の基調講演で、理路整然としてよくわかりました。メモをしましたが、人口減少社会における超高齢社会の現状と課題、そして、貧困と福祉の関係、つまり、貧困と健康、貧困と教育、学力の問題、また障がい者や刑余者の社会参加とその社会理解がどうであるのか。それと日本型地域包括ケアの概念と対象者の範囲やサービスはどういうものであるべきなのか。そして人材育成の大切さやソーシャルファームについては、皆さん方もご存じかもしれませんが、知らない人にとっても大変貴重な内容ではなかったかと思います。もちろん、アジアにおいても、新しいまちづくりにおいても、福祉が中心となっていくことが大切ということもアドバイスしていただきました。これからのシンポジウムには炭谷先生にも加わっていただき、最後にまとめの助言をいただきたいと思います。

それでは、討論に入っていきたいと思います。テーマは「社会福祉から人間福祉への展望」ですが、シンポジウムのメインタイトルにあるように「アジアの時代における健康福祉プロフェッショナル人財育成」という観点を踏まえ、それぞれの分野で活躍されている皆さん方からご意見を伺いたいと思います。

福岡参議院議員にお願いしたいと思います。福岡さんは、ご存じのように、国会の場で年金や医療、介護など厚生労働分野のエキスパートとして活躍されています。国会議員の立場で、テーマに沿って、「アジアの健康福祉構想」について、一〇分でよろしくお願いしたいと思います。

○参議院議員—福岡資麿

皆様こんにちは。きょうは、皆様方の前でお話しさせていただくのを楽しみにしてきました。よろしくお願いいします。

今、実は介護の現場だけではなく、いろいろなところに行くと、「人が足りない」「どこかに人はいませんか」という話になります。端的に言うと、さっきお話しされた炭谷先生がたしか昭和二一年生まれで、富吉さんが昭和二四年生まれということですから、いわゆる団塊世代です。厳密に言うと昭和二二年生まれからですが、団塊世代と言われる方々がコーディネーターの席に座っていらっしゃいます。団塊世代というのは、一年間に二七〇万人生まれています。私と隣の日野さんが昭和四八年生まれ、いわゆる団塊ジュニア世代です。団塊世代の子どもたちですが、人口は結構多く、二一〇万人います。今年も成人式で挨拶しましたが、今年二〇歳迎えられた方が一二〇万人で、今年生まれる新生児が一〇〇万人を切りました。そういう意味でいうと、一年間に二七〇万人生まれていた時代から一〇〇万人しか生まれない時代になってきたということです。

極論ですが、仮にコーディネーターの方々に介護が必要となってきたとき、若い人たちはその三分の一ぐらいしかいないのに、介護を受けなければいけない人は三倍いる。医療や介護は全員が受けるわけではないですが、必要とされる方がそれだけいるのになり手が少ないと、どこに行っても現場で人が足りなくなる事態は、避けられない現状にあるということです。

そういう中で、ではどう解決していくかですが、一つは、今進められているように「健康寿命を延ばす」。健康な期間をなるべく延ばしていただくということですが、そうはいってもいろいろな病気にはかかる。そんな中で、先ほど「地域包括ケア」の話が出ました。

よくあるのは、地域に団地ができると、新しく家を買う人というのは大体三〇代、四〇代ぐらいですから、同じ世代の人が入ってくる。そうすると、地域の学校は教室が足りなくなるから、校舎を建て増して教室を増設するのですが、団地の人たちはすぐに引っ越していくわけではない。子どもたちが卒業したら、空き教室がずっと残ってしまうような状況になります。失礼な言い方をすると、二七〇万人ぐらい生まれた団塊世代の方々がそろそろ七〇歳ということですから、これから飛躍的に医療や介護の箱を使わなければいけなくなってくるのですが、その人たちのために箱を用意していたら、一五年後には要らなくなり、がらがらの箱だけが残ってしまうという状況が生まれかねない。

介、国も地方もその「□□□、才女催ですから、どうやって効率よく国□□□□考えたとき、□

さんのご自宅とかで普通に暮らしていただき、そこにいろいろな職種の方が連携してケアをしていくことで、あえて施設に入らなくても、家にいながらにして施設と同じようなサービスを受けられる環境を地域の中でつくっていこうというのが「地域包括ケア」です。理想的な部分もありますが、必要に迫られて地域包括ケアを導入せざるを得なかったという背景があることは、頭の片隅に置いていただければと思います。そういったことも進めていかなければいけない。

後は効率よくやっていかなければいけないということで、例えば、周りに身寄りがいないとか、一人でなかなか生活できないなど、地域的に行き場のない人たちが「社会的入院」と言われるような形で施設に入っていらっしゃいます。でも、その方々に必要な医療や介護のレベルというのは、すごく幅がある。日本は、どちらかというと、入院施設では七対一というように看護師の配置が少し手厚くなっているので、本当に人が少ない事態ですから効率よくやらなければいけません。重度で必要なところには人材を多く投入するが、箱さえあれば、たまにケアしてもらえれば自分なりの生活を維持できるといった方々については、人員の配置基準を少し緩めていくことによって財政負担も軽くなるということです。要は、どうやったら地域の中で必要な方に必要なだけのサービスが提供できるかということ「ベストバランス」を考えていかなければいけないということです。

そういったことをいろいろやっても、やはり人は足りないのです。先ほど言ったように、これから団塊世代の方々は急激に介護が必要な状況になります。今も介護職員は足りないのですが、二〇二〇年には約二〇万人不足するようになると言われています。その五年後、介護職員が三八万人不足するという事態まで広がっていくことが予想されています。その三八万人をどうやって埋めていくかを真剣に考えていかなければいけないというのが、今、国に大きなテーマとしてあるということです。

福祉施設に入る人が躊躇するのは、その人たちの処遇、要はそこで働いているときの給料がなかなか上がらないからです。賃金が上がっていけば、そこで働いてもいいなと思う方が増えるので、処遇を上げていくことをやっていかなければいけない。それによって、新しく入る人が増え、また、処遇が合わないからといってやめた人にもう一回現場に戻ってもらうことをやっていかなければいけない。

それでも足りない場合、究極の話ですが、今、厚生労働省の予算の中でも「ロボット導入費用」というのがかなり入ってきました。福祉現場で人が足りないんだったら、人に置きかえられる部分にロボットをどんどん入れていこうということも起こってきています。それでも足りない部分をどうするか。日本はこれから若い人がどんどん減っていきますが、片やアジアに目を向ければ、人口も増えているし、新しく生まれる人たちもまだ増えている。そういう状況の地域があるということを考えたときに、「アジア地域全体が一体となった福祉構想」の中で、「足らざるところに足りている地域から人をうまく循環」させていく。世界の中で常に足りないところへ足りているところから人が移動していき、ケアしてもらうことによって、何とか福祉のいい循環を維持していくようなことを考えていかなければいけない。そういう時代がもう目の前に来ているということが言えるのではないか。

そういうことで、なるべく地域の中で連携をしながら、足らざる部分を外国の方々にもご協力いただかなければいけないということで、きょうお渡しした資料をこれから三分以内にざっと説明させていただきたい。

最初に「日本で就労する外国人のカテゴリー」ですが、今、実は九〇万人の外国人の方々に日本で働いていただいています。その方々はどこから来るかというと、インドネシア、ベトナム、フィリピンなどとEPAを結んでいますから、そこから介護人材を送っていただいているところです。さっき言った三八万人足りないというのに対して、今まで介護人材で埋めていただいたのが三〇〇〇人ぐらいですから、規模的に全然足りないという現状です。

じゃ、他にどういう道があるかというと、スライドの一番の「就労目的」で在留が認められる者と三番の「技能実習」、ここでどうやってカバーしていくかということが問われているということです。

次に、「労働者数の推移」ですが、働いている方は、二〇一一年には全体で六八万人だったが、今は九〇万人と急激に増えてきています。技能実習とかも増えていますが、全般的にいろいろなことで増えてきている。

今まで技能実習の中に「介護」というのがジャンルとして入っていなかったが、去年（二〇一六年）、法改正があって、「介護の技能実習の受け入れ」も今度スタート、介護職を目指して日本に来られるという門戸が開かれた。それによってどれだけカバーできるかということもありますし、一番の「就労目的」で在留が認められる者というスライドに戻っていただくと、高度プロフェッショナルみたいな人の仕事の範囲が既に職種として決まっています。今まで医療には医者や看護師は入っていましたが、介護というのが入っていなかったので、今度、新しく入ります。そういう意味でいうと、プロフェッショナル人材が介護目的で日本に就労に来られるということが、日本の制度上、きちっと認められるようになったことは大きな前進です。

もう一つは、留学生も増えてはいるのですが、西九州大学に来られて介護福祉士の資格を取っても、今まではプロフェッショナル人材に当たっていなかったから日本では働けなかったのです。しかし、日本に留学して、ここで勉強して資格を取り、日本の現場で働くことが制度上担保されてできるようになるということです。そういったものをうまく活用していただきながら人材を確保していくことが求められていくのではないか。

まだ言い尽くせないところはありますが、とにかくいろいろなことを総動員して、「アジアとも連携」しながら日本の福祉を維持していかなければいけない局面にあるのだとご理解いただきたいと思います。

○佐賀新聞社専務取締役・編集主幹―富吉賢太郎

団塊世代と言われたので、ふっと思ったのですが、私たち団塊世代は非常に悲しい世代なのですよね。例えば、「私たちは親を見る最後の世代で、子どもから見られない最初の世代」。つまり、私たちはどう見ても社会や地域、自分の子どもから見てもらえない世代なのです。今、福岡さんが言われたように、社会とか地域のいろいろな機能が高まっていかないと私たちは行き場がないということで、外国人労働者の実態も踏まえて本当に貴重な意見をありがとうございました。

それでは、団塊ジュニアの福岡さんと高校、大学が同級生だとは知りませんでしたが、日野さん県庁マンとして県の現況とか、日野さんが考えることで結構ですので、よろしくお願いします。

○佐賀県健康福祉部医務課医療支援担当係長―日野稔邦

私は行政官ですので、まさに佐賀県の現状と、私が感じていることを申し上げたい。

私は今、医務課というところで医療機関の人たちといろいろな仕事をさせてもらっています。二〇二五年とか二〇三〇年にかけて、この病院はどうあるべきかみたいな話をするわけです。引き続き手術中心の病院でいくのか。それとも、さっきお話があったように、医療の密度はそれほど高くないのだが、いわば介護と医療のハイブリッドみたいな形の病院であったほうがいいのか。医療機関はこれからいろいろ選択を迫られるわけです。そういう相談事に乗りながら仕事をしています。

個人的なことを申し上げると、一五、六年前に介護保険制度が始まったとき、県庁の介護保険準備室にいたので、県の一番最初の「ゴールドプラン」も担当者として作成しました。そういう意味では、偶然だったのですが、医療と介護の両方を節目のときに担当させていただいたので、どちらか側からしか物を見ないということではなく、何となく私の感覚の中に医療と介護は同一線上で考えていかないとうまくいかないなというのが染みついていたところです。

今、現場の医療機関や介護事業者の皆さんに私どもがどういうことを申し上げているかというと、「人口問題」というのはどうしても避けられません。当然ですが、佐賀県の中でも地域によって人口の減り方が違います。もちろんすべての地域で減っていくことは間違いないが、スピード感が違う。唐津や伊万里、武雄、鹿島という県の北部や南西部の方が人口減少のペースが速い。一方、佐賀市、神埼市、鳥栖市など、福岡に近いところはペースが遅いという実態があります。そうすると、同じ佐賀県の中で話していても、伊万里や武雄、鹿島の病院や介護事業者の皆さんがこれから考えなければいけない選択と、佐賀や鳥栖の皆さんが考えなければいけない選択というのは時間軸が少し違うわけです。

ですから、人口減少社会はそのとおりですが、関係者の皆さんと勉強会をするときには、市町村単位で人口がどうなっていくかをできるだけお示しするようにしています。そうすると、皆さんは自分の置かれている状況に気づくわけです。

というのも、医療や介護というのは、よほどの精神医療でもない限り、めちゃくちゃ遠くに行って治療を受けるということは余りない。自分の家から近いところがかかりつけ医だろうし、手術をするときも、やはり医療圏や県の中で高度医療を受ける。佐賀の人が東京の病院に入院して、ばんばん手術を受けるということは余りない。そういったことを考えると、いくら良質な医療や介護を提供していても、周りの人口が減っていっては、このまま病院を続けていいのか、介護施設をどうやって経営したらいいのかという悩みにどうしても直面してしまうわけです。私どもも最近はそのことを強調して言うようにしております。

佐賀県の状況をよく見ると、医療提供体制とか介護の状況は全国的に見てかなり良好です。施設や病院の数がかなり充実していますし、働いているスタッフの数も全国平均と比べると多い。ということは、いい状況にあるのですが、二〇二五年、二〇三〇年、これをどうやって続けていくのか。なるべく水準を落とさずにどうやって続けていくのかというのが我々の課題となっています。そうなったときに、先ほど炭谷先生の講演にもありましたが、日本の制度というのは、医療は医療、介護は介護、その中でも特養は特養、老健は老健みたいにサービスがどんどん細分化されていて、それぞれに人の配置基準が決まっています。やり方が決まっているということでは、なかなか効率化は難しい。そういったところで、国の方でも制度を変えていただきながら、あるいは現場の方でも工夫しながらやっていくことがこれからは必要でしょう。

そうなったときに、佐賀県という土地柄で一つ強みだなと思うのは、医療は医療、介護は介護というふうに現場の方がどれだけ思っているかという話なのですが、佐賀県の場合、幸いにして医療を経営されている方が同時に介護事業にも乗り出しているという例が結構多い。もちろん、済生会さんのように病院も持って特養も老健もやっているというところもありますが、それだけではなく、民間の医療法人で病院も老健施設も持っているとか、親族が社会福祉法人をつくって特養も経営し、実際にはいろいろな連携をとっているというところが実は多い。

他県を見ると、医療は医療、介護は介護と経営の段階から分かれているところも結構あるが、佐賀県はそこが比較的密接である。密接ということは、一歩間違えれば利用者の囲い込みにつながるという批判がある。これからの人不足や人口減少の厳しいときには、何よりも医療を医療だけで完結させず、介護を介護だけで完結させずに、きちんとシームレスにサービスをつなげていくことが必要です。自分の専門職ではない他の分野のこともよく知るという認識力が問われる中で、幸いにして、佐賀県は医療法人や社会福祉法人の連携基盤が他県に比べると整っているというのはいい財産だと思います。この財産を次の時代につなげていくことが我々の課題ではないでしょうか。

そういったときによく言われるのは、「人材の問題」です。今日のテーマも人材ですが、人材の問題というのは、なかなか一朝一夕に解決できるものではない。私の問題意識も含めて四、五点ほど申し上げます。

一つは、これから一〇年後、一五年後、佐賀県の中で介護職員や看護職員は足りるのか足りないのか、これをまず押さえないと当然話にならない。

さっき福岡先生の話にもあったように、三八万人ほどオールジャパンで不足する。佐賀県の場合、今のところ、六〇〇〇人ぐらい不足すると推計しています。これは介護職員だけを出しています。では、医療スタッフの方はどうなのか。これは、二〇一七年中に推計する予定にしています。

ただ、数字的に見るだけでは少し問題があります。正直申し上げて、医療現場も介護現場も、実際働いている人にかなり無理をお願いしているから成り立っているところがある。例えば、看護師の場合、夜勤の問題があります。医師の場合も、オンコールですぐ来てくださいという感じで待機をかけています。現場の方にかなり負担をかけながら成り立っているサービスを、同じように負担をお願いしたほうがいいのか、それとも、今、問題になっている働き方改革もそうですが、そこはオールジャパンで考えなければいけないのか、ちょうど考えるいい時期だと個人的に思います。それも含めて、二〇一七年中に佐賀県で医療人材が足りるのか足りないのか、抜本的な対策を考える時期に来ています。

先ほどＡＩとかロボットの話も出てきました。私も先日、介護ロボットの「ＨＡＬ（ハル）」を体験しました。実際腰につけると、重いものを持ち上げるとき、大変楽に感じました。こういうものが本当に普及していけばいい。タイミング的になかなか申し上げられないのですが、そういったことも県として考えなければいけないと思っています。

あと二つだけ申し上げると、一つはＥＰＡの話が出ました。

佐賀県の中には、三つの病院と三つの介護施設にＥＰＡの看護師と介護福祉士の候補者がおられます。私は先日、ＥＰＡを実際受け入れられている実習施設にお伺いし、お話をお聞きしましたが、日本語のコミュニケーションはできるなと思いました。まだ訪日して一年たっていません。その方たちに「一番難しいのは何ですか」と聞くと、「方言」なのです。フィリピンで勉強されて、日本の横浜でまた六カ月間勉強されたのですが、当然のことながら標準語を覚えるのです。細かい単語は、今は「Ｓｉｒｉ」で検索すれば全部翻訳できますから余り支障はない。しかし佐賀の福祉施設に来たら、「あんた、がんばんしゃいね」とか言われ、自分が一体何を言われているのかよくわからない。今、二人一組でやっているということなので、先輩の日本人スタッフがこういう意味だと教えるわけですが、「方言」が一番難しいと言っていました。そこは、受け入れ施設のコミュニケーションでどれだけケアされているのかが大事だと思いますし、そこの施設は案外うまくいっているなと感じました。

もう一つは、仕事が終わった後、その方は何をやっているんだろうと気になったのです。つまり、仕事をしているときは同じ職場のスタッフがいますからいいのですが、夜、孤立していたら悲しくてたまらないと思うのです。その辺はどうしているんだと聞いたら、幸いなことに、地域に同じようなフィリピン人のグループがあり、そこに入って夜とか土日は一緒に遊んでいるというのです。外国から来られた方は、仕事だけすればいいということではなく、生活をどう考えるかとなったときに、おまえ、こういう暮らしをしろというのはなかなか難しいのです。幸いそこの施設ではネットワークをお持ちの方がいらして、うまくつないでくれ、自然と溶け込んでいらっしゃるなと感じました。ＥＰＡはまだ県内の事例も少ないので、それがベストプラクティスだとまでは言えません。

こういったお話も私どもがご紹介しながら、ＥＰＡの受け入れも東京や大阪だけの問題ではなく、佐賀でもそういうことをやっているところがあるのだと多くの方々が身近に感じていただけることが大事で、それをうまく伝えるのが我々行政の仕事ではないかと思ったところです。

○佐賀新聞社専務取締役・編集主幹―富吉賢太郎

本当に福祉人材の深いいろいろな問題と、先ほどの「方言」ですね、そういった話を聞けてとてもよかったです。つまり、理解には、そういった現状を知っておくことがとても大切です。

次に、スンシルサイバー大学の趙先生にお願いしたい。今までは国とか佐賀の現状でしたが、韓国の現状を自己紹介も含めてお願いします。

○スンシルサイバー大学高齢者福祉学科学科長―趙　文基

皆さんこんにちは。本題に入る前に、私は一九九九年、大学四年生の頃、日本の介護保険制度が知りたくて、二週間ほど社会福祉法人で寝泊まりをしながら現場を見ることができました。その頃は日本語もできずにコミュニケーションができなくて、どういう内容かわからず、体で感じるままでした。韓国で就職してから日本の制度をもっと知りたくなり、二〇〇二年にまた来日しました。その頃から、在日コリアンの施設で相談員として働きながら、介護保険制度の長所や短所を見ることができ、非常にうれしく思いました。

韓国も二〇〇八年から日本と同じように介護保険制度を始めました。制度は非常に不安定ですが、日本で起きた制度の短所を考えて、いろいろなことを改正しながら、韓国ならではの介護保険制度を続けています。

例として、日本では自己負担は一割からですが、韓国は少し上げて二割負担にしたり、財源確保のために健康保険料と一緒に払うようになっています。韓国の場合、学生さんは就職してから介護保険料を払う形になっています。日本は四〇歳から介護保険料を払いますが、韓国は制度を安定させるために二〇歳から払うようにしています。日本のモデルを勉強して、韓国はそういう制度を続けようとしています。

本題に入りますが、日本では障がい者や高齢者の就労支援の中で「ジョブコーチ」というものがあります。韓国には障がい者支援制度としてのジョブコーチはありますが、高齢者に限ると今まではありませんでした。「高齢者のジョブコーチ」、職場で何かを支援するという職がありませんでした。韓国の高齢化率は二〇一七年には一四％になっていますし、高齢化のスピードが世界で一番速い国でもあります。平均寿命も女性が八四歳、男性が七七歳、日本と同じように平均寿命は上がっていますし、高齢者の人口も増えています。韓国のよくない面ですが、年金制度が一九七九年に始まったのですが、これまでの掛け金が余り多くない後期高齢者は年金をもらっても金額が少なかったりして、老後の生活を続けることができない状況にあります。国としては、高齢者は引退後ももっと働いてもらうという形で制度を続けています。

皆さんは、ボランティアは無償であり、社会貢献であり、コミュニティ発展のためにやることだと思っているでしょう。しかし韓国では、年金が少ない高齢者に限って、今まではボランティアの領域であった仕事を小額のお金を受け取りながら続けてもらっています。

思えば、日本のパート、アルバイトみたいな感じで高齢者に働いてもらい、そこから収入を得て、生計が維持できるようにしています。今、ソウルに行って、高齢者に「あなたは今ボランティアをしていますか」「就職活動、仕事をしていますか」と聞くと、仕事かボランティアか混乱してしまう人がいます。二、三年前までは、まちのごみを拾ったり、小学校の前で交通整理をしたり、安全活動をするのはボランティア活動だったのですが、今は高齢者に限って国が二万ウォンぐらいの給料を渡してそのような活動をしてもらっているのです。そこで、高齢者に聞くと、ボランティアの価値とか仕事内容についてはよくわからないという答えが返ってきます。

高齢者の就労は、今までは価値観に基づく、非営利で、専門性のある無料のボランティアだったのが、そういう概念がだんだん崩れてきているということです。

高齢者の雇用は、ほとんどが有給で行っているのです。今までボランティアの仕事だと思われていたことを高齢者の就労のための職種として、二万ウォンぐらいの金額を支払っています。国がそういうことを進めています。

次はその内容です。今まで公益活動や「才能分かち合い活動」をボランティアでやっていたのですが、その活動に年金がわりに対価を国が与えるのです。その期間は半年とか九カ月とか一年で、働く時間は一日三時間以内と決められています。厳しい仕事を続けることができない方には、一日三時間で二万ウォンを渡す。それと、「才能分かち合い活動」も時間が決められて、最大三時間ぐらいの仕事を続ける。これは、地方自治体の条例によって給料の金額は決められています。

次に、日本にもある「高齢者の人材派遣センター」の仕事の内容についてです。共同作業所で伝統的なものをつくったり、自分で会社をつくって働く。そういう場を支援することで、これは普通の会社と一緒なので、金額は概ね高目に設定されています。販売が好調ならば、自分たちの収益を多くしていくという形にしています。

次は、それを支援する人材です。韓国にはケアマネージャー制度はありませんし、「介護福祉士」制度もありませんので、こういう仕事は「社会福祉士」が主にやっています。社会福祉士は、会社を経営したり、マーケティングをしたり、高齢者に合う職種を探して就業させたり、という仕事をしています。それで高齢者の雇用に関する専門家になっています。

高齢者の仕事としては、森に入って子どもたちに森の植物や木などの説明をすることや、花を運ぶ宅配員をしています。韓国では、六五歳になると地下鉄が無料になるので、交通費を払わずに宅配ができ、その交通費分を高齢者に給料として多目に渡すことができるので、ソウル圏内では宅配を職種とする高齢者もいます。

それと、「シニアモデル」を養成して、会社をつくって高齢者を採用したり、本来なら牧師がやる仕事なのですが、結婚式場での媒酌の役割や、老老ケア、高齢者のところに行って、介護保険制度以外の相談に乗ったり、話を聞いたり、安否確認をするなどの仕事です。こういうことを続けて、韓国は年金が少ない代わりに高齢者に利益を与えて、生活を安定させるようにしています。

なぜ、この場でこういうことを説明するかというと、日本の介護保険制度、高齢者福祉制度を学んで、自分の国のものにしようと思ったからです。アジアでは、高齢者福祉や福祉政策がまだ成長していない国があります。もちろん長所と短所はあるのですが、高齢者に給料を支給するため、今まではボランティアの職種であったものを活用し、金額は少ないですが高齢者の生活を短期ではありますが安定させようとした韓国のモデルを、インドや中国などの国に発信したいと思います。

○佐賀新聞社専務取締役・編集主幹―富吉賢太郎

私たちが知らない韓国の実情がよくわかりました。日本と韓国は、似ているようで違っている、違っているようで似ているというか、同じく高齢化が進んでいる韓国で行われていること、例えば、有償ボランティアみたいなものは、はっと思いますが、いいものはお互いに情報を共有し合って取り入れるということですね。それと、趙さんが言われたように、日本で学んだもの、そして、自分のところで正常化したものは、他の国にも学んでいただきたいというメッセージがありました。これからの時代は、今日のテーマでもありますが、国境を越えて、グローバルにいろいろな高齢化社会のありようを学ぶべきときではないかという感想を持ちました。

続きまして冨永さんは、保育事業から介護や障害者福祉、地域包括ケアまで幅広い事業に携わっておられます。実は韓国において専門的に福祉を学んだ学生さん二人を福祉職として雇ってもいらっしゃいます。そのお二人が来ていらっしゃいますので、後で感想を聞きたいと思います。

○社会福祉法人九州キリスト教社会福祉事業団理事長―冨永健司

大分県中津市から来ました。私は、九州キリスト教社会福祉事業団といいまして、五〇年前に保育園から始まって、老人福祉が四〇年、五年前から障害者福祉を手がけており、事業収入が一九億円、職員数は四二〇人です。佐賀にも佐賀キリスト教事業団シオンの園がありますが、姉妹施設です。

今、社会福祉法人は非常に厳しい視線をいただいています。社会福祉法の改正が実施されており、地域の要請にいかに応えていくかが非常に重要です。その中で、「地域包括ケアシステムの推進」は、我々の責務であり、使命だと考えています。脱施設、脱病院、超高齢社会、あるいは二〇二五年問題、大体聞かれておわかりだと思うのですが、怒濤のごとく「後期高齢者」がやってくる。ご本人たちも望んでおられるように、「地域でいかに安心して最後まで暮らしていただくか」ということが我々のこれからの責任だと思います。

私は今、元厚生労働省事務次官の辻哲夫東大教授の地域包括ケア推進研究会の一員としていろいろ研究をしていますが、うちで実施しているのは、定期巡回・随時対応型訪問介護看護、漢字がぐるぐるっと続くのですが、要するに「二四時間のヘルパー、訪問看護サービス」です。人口は、旧市内ですから六万五〇〇〇人ぐらいですが、これを八〇人のヘルパーさんが二四時間体制でお世話をしています。それから、もう一つは「小規模多機能居宅介護」で、この働きは、通う、泊まる、そして職員が家に訪問する。この二つが非常に重要になってきますし、地域を回っている中で、いろいろな問題があります。障害の方や母子家庭、虐待があったり、あるいは貧困問題の対応が非常に重要だということで、二〇一六年の四月、地域公益課をつくり、一名専従でその対応に当たっています。

今、人材不足が非常に大きな課題になってきています。スンシルサイバー大学の趙先生とも日本の大学院で勉強されているころから交流を始めたのですが、今、まちづくりという大きな課題がありま す。商工会議所に入り、あるいは法人会に入り、経済クラブに入り、そして、日韓親善協会の役員もいたしており、一〇年ぐらい前から韓国との交流を深めてきました。

そういう中で、韓国の大学にも話をしに行ったり、趙先生の出身大学、あるいは現在お勤めになっているスンシルサイバー大学から教授と学生さんもお見えになり、うちで勉強したり、介護の現場を見ていただくなど、現在の日本の介護の状況についていろいろ勉強していただいています。

韓国は、現在はまだ高齢化率一四％ぐらいですが、二〇五〇年ごろには、日本に次いで世界第二位の高齢国になります。そして、年金制度がまだ始まったばかりで、高齢者の貧困問題があります。日本の高齢化問題、高齢対策の問題を勉強していただく意味で、二人が実習に来ています。朴君といいまして、非常にすばらしい能力を発揮してもらっています。韓国の社会福祉士二級を持っていて、日本の介護現場に順応し、介護の問題や課題などを勉強してもらっています。

朴君にはデイサービスで頑張ってもらい、こちらの徐さんにはグループホームで認知症のお年寄りなどにかかわっていただいています。日本語もかなり上手で、今度三級を受けます。二〇一六年七月に現場に入りまして、私も最初は心配しましたが、非常にお年寄りの気持ちをつかむ心があります。韓国の人は道徳観、いわゆる敬老精神が日本人よりもあって、お年寄りを非常に大事にすることと、うちは九州キリスト教と言いましたが、クリスチャンが日本は全人口の一％ですが、韓国は四〇％を超えており、我々が目指すキリスト教の愛と奉仕の精神を持っているということです。

このような形で彼らはお年寄りと接して、日本の介護ケアを勉強しています。二〇一六年八月、ベトナムの状況を調査してきました。私は韓国の施設も見ていますが、ベトナムの施設は初めて見ました。ハノイ、ホーチミンと行きましたが、思ったよりケアが進んでいるなと思いました。プライバシーの問題云々は別にしても、非常に清潔で、ケアのレベルはそんなに低くない。彼らは一生懸命勉強している。医療も半分入っている。日本に受け入れられるために、日本語学校の「サムライ日本語センター」で一年間勉強して、日本に送り込もうというのです。日本語で一日のプログラムを書いてあり、どういう勉強をするとか、時間とかを全部書いてある。ここでは、書道で日本語の勉強もしています。今はこんな高校は日本にはないですが、明るくて、三〇年前の高校みたいでした。

そういうわけで、韓国からの実習生の導入はこれからも継続していきたいし、ベトナムも調査を続けます。それから、先月、大分県の部長からネパールの方と会ってくれということで、ネパールにも一度来てくれと言われ、人材導入に向けての話し合いをスタートさせました。

ベトナムへは私たちが八月に行き、その後、向こうから三回来てくれまして、法改正が着実に進みつつあるので、これからかなり具体化していくのではないかと思います。給料はベトナムでは現在三万円ぐらいですが、日本で頑張って五年働けばというのです。真剣で優秀な彼らが介護や日本語の勉強をしています。

深刻な人材不足というのを最初に申し上げましたが、今度の四月にはフィリピンにも行ってきます。そういう中で、外国の人材はこれから着実に法的にも整備され、あるいは福岡先生もしっかりとおっしゃっていただいたし、地方自治体もその体制づくりを今後進められるならば、韓国もそうですが、あるいはそれ以外の国からも優秀な人材が今後どんどん入ってくると思います。

この前、介護福祉士会のシンポジウムに出ましたが、もう少し日本の介護福祉士は頑張らなきゃだめだよと気合いを入れてきました。そういう時代をこれから模索していきたい。福祉のまちづくり、グローバル化、そして人材育成、そういうものを課題として考えています。

○佐賀新聞社専務取締役・編集主幹―富吉賢太郎

今、冨永さんの話を聞いていたら、確実に「アジア諸国で福祉社会における人材育成」は進んでいるなと思いました。さっきの「サムライ日本語教室」、やっぱりそういう形でやっているんだなということですね。紹介がありました朴さんと徐さんに一言ずつ、今、学んでいること、働いていることを話していただきます。よろしくお願いします。

○朴さん

いずみの園で仕事を学んでいる朴と申します。いい経験をして、多くのことを学ぶことができて、本当にうれしく思っています。まず、仕事を学んでよかった点は、韓国ではできない日本の福祉を習って、韓国に帰っても今まで習ったことを活用したい。難しい点は、働きながら起きるさまざまな事項に対する対処能力が不足していることで、他の職員たちに常にサポートを受けています。

○徐さん

皆さんこんにちは。徐と申します。まず、よかったのは、「利用者中心の福祉」をじかに学ぶことができたことです。大学で理論だけ勉強してきた私より、現場で働いている他の職員たちの方がもっと上手だということを知りました。困ったのは、韓国では子どものときにも大人になっても認知症について詳しく学ぶ機会がなかったので、認知症老人の対応が一番難しかったです。

○佐賀新聞社専務取締役・編集主幹―富吉賢太郎

本当に一生懸命学び、そして働いている姿がよくわかりました。明るい笑顔が一番でした。続きまして、岩本さんも、くだまつ平成会の法人本部長として福祉の現場を見ておられ、ある意味では実践家です。特に、「タイとかベトナムなどアジア諸国への福祉支援、国際支援」を通した活動などを紹介していただけたらと思います。

○社会福祉法人くだまつ平成会法人本部長―岩本昌樹

山口県下松市から参りまして、私も介護事業所を経営しています。「私がこれまで海外に関して何をしてきたか」ということですが、主にベトナムとタイで、当初はボランティア活動を通じて、現地の方々と社会問題に対する支援を行ってきました。そうしているうちに、それぞれ両国が経済発展をしていき、高齢化が問題となってきました。しかも、日本以上に急速なスピードで高齢化が進んでいるとも言われていて、日本と同様に少子化も進んでいます。

日本も介護人材が足りないので外国人の方に何とかという議論が進んでいます。半年ぐらい前、タイ、ベトナム、中国、台湾の方がお見えになったときに、それぞれの国で労働人口がいない、とてもじゃないが海外に若い人を出せる状況ではないという中で、ようやく日本が四月から法改正で技能実習生の介護分野が広がる、あるいは介護で労働ビザが解禁されるということです。現地の方々の話を聞くと、個人的には日本はアジア諸国の中ではかなり遅れをとっていると感じる部分があります。

こういった経済の枠組みの中で社会問題を解決していくというのは、世界共通の流れではないか。それぞれの先生方からボランティアやさまざまな社会問題の話がありましたが、いくら経済発展をしたといっても、それをすべてボランティアでするというのはほぼ不可能ですし、それぞれの国の社会保障という枠組みの中ですべてを解決していくこともほぼ不可能に近いのは当然のことだと思います。その問題を経済の枠組みの中で解決していく視点が、日本でもタイやベトナムでも同じように必用ではないでしょうか。

先ほど冨永先生が行かれたベトナムの施設には私も行ったことがありますが、タイのことを中心にお話をさせていただきます。まず、バンコクにある日本企業が主体となった「ナーシングホーム」について簡単に説明をします。主に、日本人やタイの富裕層の方向けの施設です。これは株式会社が経営していますから、株主に対して利益分配をしなければならないという宿命があるので、収益性があるモデルとしてやっていらっしゃいます。ただ、ここはできたばかりで、まだ閑散としていました。そして、やはり高い。日本円で月額三〇万円ぐらいですから、富裕層でない中所得層の方でもなかなか厳しいかもしれないという値段でした。駐在員の方々などは払える金額だということでした。

日本と同じく職員教育、採用は非常に難しい。実は、タイでも介護は人気がない。華やかな仕事に憧れるのは、若者に共通らしく、やはり人気がないということで悩んでいらっしゃいました。

働きにくる方は、バンコクでも地方からが結構多かったです。逆に地方の方では、タイ第二の都市チェンマイは北の方にあるのですが、そちらはお手伝いさんを雇う文化があり、では、お手伝いさんはどこから来ているかというと、ラオスやカンボジアから来ているということでした。

次は、タイ人の医師が開設した老人ホームもバンコクにありました。このドクターは、日本国内の大学を出た非常に有名な方です。日本の医師免許も持っていらっしゃる方で、正直、建物こそ、わあーきれいという感じではなかったのですが、そこではまさに日本の認知症ケアそのものが行われていました。ドクターの志が高く、タイでは認知症の方に対してのケアが遅れているということで、勉強されて、職員にもご自身が指導されていました。そういった中で他の施設と違ったのは、そこの中では入所者同士の交流があり、行くとすぐに「どこから来たのですか」と話しかけてくれることがありました。

次は、タイの赤十字病院です。こちらは、タイ政府のプロジェクトとして起こした「老人コミュニティ事業エリア」です。非常に広大なエリアで、施設も新しく、プールもあり、専門の理学療法士もいました。ここでは主に地域のコミュニティ、高齢者の社会参加、経済活動への復帰が大きなテーマでした。ですから、非常に積極的にやられていました。

タイでもう一つ有名なのは、「ヘルスツーリズム」です。国策として医療と観光をセットにして外貨を稼ぐという戦略が非常に有名で、中国やマレーシア、シンガポールの株式会社が来ています。タイの超富裕者層というのはとんでもないお金持ちで、介護が必要になると家に病院をつくるらしいのです。自分で雇う。それぐらいの規模でやるので、正直、日本人が考える富裕者層向けの老人ホームは成り立たないとおっしゃっていました。

ベトナムでは、実は介護職員の給料は平均よりいいのですが、人が集まらないということでした。そして、両国とも一つの大きな問題としては、高齢者に対する社会保障政策が非常に薄いということが上げられます。タイに関しては、月八〇〇バーツだけです。日本円にして一五〇〇円ぐらいです。一食五〇円ぐらいとしても全然足りない。ベトナムに至っては、政府関係者だけにしかなく、例えば、靴磨きなどの仕事をしている方も非常に多いのです。そういった方に対してはほぼないという状況の中で、実費で介護をしていくとなると、働く方への保障も非常に厳しい。日本のように簡単にはいかない状況があります。

そういった中で、タイの医師がやっている老人ホームのようなものをするにしても、教育が基盤にあることを本当に思い知ることが多い。教育がある中での地域なわけで、幸いにして、両国とも地域コミュニティはかなり強力に築かれている。わざわざ日本のように民生委員が訪問しなくても、近所の方が声をかけることが自然にできています。そういったよい部分を生かしながら、日本がこれまで行ってきた介護、技術、知識をさらに応用して、それぞれの国で、アジアで発展させていけるのではないかと期待を持っています。

○佐賀新聞社専務取締役・編集主幹―富吉賢太郎

それぞれの国の実情は、聞いて学ぶべきですね。そして、自分たちがやるべきこと、しなければいけないことを見つけ出すことが必用と感じました。今のお話の中で、日本にある質の高い介護システムや制度、思いやりが確実にアジア諸国にもつながっていくという話とか、「貧富の差」と言葉では言うけれども、お国事情によって貧富の差はとてつもないということも一つの勉強ではないかと思います。

それでは、最後になりましたが、滝口先生、よろしくお願いします。健康福祉分野でいろいろな課題、問題がありましたが、今日のテーマは「アジア型福祉モデルへの展望」ということですので、研究者の立場から「西九州大学はいかにこれから取り組むのか」、それと「アジアスタンダード、アジアモデルの可能性」についてもご意見をいただければと思います。

○西九州大学社会福祉学科学科長―滝口　真

少子高齢化、人口減というのは、先ほどから登壇の諸先生方が話されていて、介護人材がこれから足りないということも確認できたところです。それに対して、増田元総務大臣を座長とする日本創成会議は、この現状をにらんで介護難民への対策として、「東京都、神奈川県、千葉県、埼玉県の一都三県に住まれる高齢者の方々は、今後、地方に移住することが望まれるでしょう」という提言をしています。それが全国四一カ所です。

九州北部でいくと、佐賀県では鳥栖が候補地として示されています。また、佐賀の近隣では別府、北九州、大牟田市が人口比で医療や福祉施設の充実の度合いで候補地とされています。しかし、これは国が提唱する「地域包括ケアシステム」からは反することです。地域包括ケアシステムは、「慣れ親しんだ場所で最後まで自分らしく人生を送りましょう」ということですが、増田元大臣が言われることは、どうぞ移ってくださいと示しており問題が指摘されています。

地域包括ケアシステムは、先ほど来、炭谷先生から説明がありました。住まい、介護、医療、予防、生活支援を、二四時間切れ目なく、包括的に地域で福祉サービスを提供するということです。一昨年（二〇一五年）、九州キリスト教社会福祉事業団の冨永理事長は職員に対しての開口一番に、「三〇分圏域はすべていずみの園の施設の廊下と思ってくれ。この施設では〝ちょっと待ってください〟という言葉はありません。電話が入り、コールがなると、すぐそこに飛んでいって対応しましょう」と発言されています。ある意味、「三〇分圏域」、「中学校区」においてこの五領域すべてをカバーすることは、地域を単位として特別養護老人ホーム化を試みていこうということ、在宅と施設サービスの格差をなくしていこうということです。しかし、今後の高齢化の進展と福祉ニーズの拡大により、人材難が叫ばれています。一方、もともと社会保険方式は、利益が上がった翌年は下げていく、下がり過ぎたらまたアップしていくという微増減の調整で制度が展開されており、社会福祉の構造は、政治、経済、文化のハイブリッドによって構成されているわけですから、大きな回復も一筋縄ではいきません。

そこで、昨今から出ていますＥＰＡとか日本再興戦略２０１４の改定、さらに技能実習に介護のカテゴリーが入ってきたということは、まさに「外国人労働者の受け入れ」に関して日本にとっては追い風です。追い風ですが、一方、人口減少は何を意味するかというと、税収入が減ってくるということです。「荒波の中において追い風が来る」ということは、小さなボートやいかだでは転覆します。つまり、「連携」が求められる。ありとあらゆる保健、福祉、医療の分野の連携を、今まで小泉政権下にあっては、競争して、いいものを残していきましょうということでしたが、これからは、「それぞれの特徴を生かして連携、コラボをしていきましょう」というテーマが求められています。

それを提言しているのが、社会保障制度改革国民会議、座長が清家篤慶應義塾長です。「それぞれの病院、施設が競争して勝ち組と負け組を決めるのではなく、コラボしていきしょう」との理念を提言の中に入れています。

さらに社会福祉法人の「社会貢献」です。社会福祉協議会、社会福祉法人が実施するデイサービスとＪＡがやるデイサービスでは、同じ内容のメニューですが、ＪＡは納税し、社会福祉法人は非課税です。この内部留保したものを社会貢献に生かしていってはどうかということが今後求められてきます。

とりわけ今までの時代は、措置制度に代表されるように、大学や福祉施設に対して社会が合わせてくれるのではないかという間違った感覚があったのではないでしょうか。これからは、社会の流れに大学や福祉施設が合わせていく。つまり、「ガバナンス」です。トップが経済や政治、文化の流れを見て、失礼かもしれませんが、福祉事務所の部長をやっていたから次は老人ホームの施設長になりましたなどという時代は終わったわけです。これからは各分野の先を見る「経営戦略と社会的ミッション」が求められていくのではないでしょうか。

社会福祉分野では、阿部志郎という著名な先生がおられます。この方は、朝日社会福祉賞を受賞されたり、神奈川県立保健福祉大学名誉学長、日本社会福祉学会会長などの要職を務められ、明治学院の理事長までなさった方です。二〇一六年の一月二二日に亡くなられた民主党の土肥隆一議員と厚生労働省の河幹夫という方と一緒に介護保険の制定について提言をなさったお一人で、二〇一六年、青山学院大学名誉博士号を取得されました。青山学院の堀田理事長の阿部先生に対しての評価は、「グローバルに考え、さらにローカルに行動する人間である」と述べておられます。我々のキーワードを用いると、これを「グローカル」と呼んでいます。

このことを受けて社会福祉学科では、新たに留学生の受け入れに対してさらに一歩進め、検討を深めていき、先ほど来、総合司会をされている本企画の実質的責任者の田中豊治コース長が国際地域コースを担っています。ここから一歩踏み込んで、さらに国際的に開かれた福祉領域の独立した専門分野を確立していきたいと考えています。

永原学園は七〇周年を迎え、「地域とともに、未来へ、世界へ」というテーマで七〇周年記念式典を執り行いました。地域の皆様方に愛され、ここまで育てていただいたことに感謝し、これを一〇〇年先に継続展開していくために、さらに未来へ、そして世界へと、向井学長も国際化を図っていくミッションを立ち上げています。国際貢献を見据えた地域社会への貢献のあり方の議論、審議をさらに進めていくことを決意して、西九州大学社会福祉学科学科長としての報告とさせていただきます。

○佐賀新聞社専務取締役・編集主幹—富吉賢太郎

炭谷先生、皆さんの意見を聞いていかがだったでしょうか。最後に五分ぐらいでお願いします。

○恩賜財団済生会理事長・元環境省事務次官—炭谷　茂

非常に感銘を受けながらお聞きしました。特にこのシンポジウムは、これから永原学園西九州大学がアジアとの関係を深めていくための研究、教育の場にもとお考えになっていると最後に知りまして、私は大変心強い思いがしました。皆様方のお話をお聞きして、三点ほど思ったことがあります。

第一点は、福岡先生がおっしゃったように、「外国人が日本の福祉の現場で活躍していただく時代が来たのだろう」と思います。制度的にそのように整えていただいたわけですから、私ども福祉の業界にいる者としては、それにしっかりと応えて、来ていただいた方が喜んでもらえるような処遇にして、自分の母国に戻られると思うので、母国でもちゃんと役立つような働き方をしていただきたい。せっかく制度を広げたのにマイナスになってはいけないわけで、そういう面の取り組みを進めていかなければいけない。

第二点は、永原学園西九州大学は、「これからアジアに向けて貢献をされる」ということです。私は今日、いろいろな話をお聞きして、アジアといっても国によって違うのかなと思いました。タイやシンガポールは、ものによっては日本よりもはるかに進んでいる。私どももはびっくりするのですが、済生会の医師がタイの病院に勉強に行くという時代です。アジアでも本当に進んでいる国もあれば、まだまだ最貧国の国もある。ですから、それぞれに応じた対応が必要だと思いますし、日本がこれまで戦後以来、経験したことを役立てていかなければいけない。

第三点は、「我々はアジアに対して貢献するという立場だけではなく、むしろそれぞれの国から逆に得るものもあるのではないか」と思います。今日は趙文基さんに来ていただきました。私は、「ソーシャルファームづくり」をやっていますが、実は韓国の方がはるかに進んでいる。韓国では、今から一〇年ちょっと前に「社会的企業育成法」ができています。現在、ソーシャルファームを含めて社会的企業が一五〇〇社できているのですね。私が目指しているのは二〇〇〇社ですが、人口の割合から見たら、韓国のほうがはるかに超えているでしょう。そういう意味で、それぞれの国から得られるものもあるだろうと思います。

これは済生会としての仕事ですが、昨日まで中国人にこの佐賀県でリハビリの勉強をしていただきました。今日お帰りになりましたが、こういう面は中国も進んでいるなと思うことがありましたし、また、ベトナムは遅れているのですが、彼らが地域社会の絆を大変うまく活用してやっている点は、逆に日本が忘れてきたものを思い出すということで役に立つと思います。

このように、アジアとの関係というのは、いろいろな面でこれから変わっていくだろう。「今後の永原学園のアジアとの関係強化」を楽しみにしています。そうしたことを申し上げて、私の感想とさせていただきます。

○佐賀新聞社専務取締役・編集主幹―富吉賢太郎

私の感想を言えば、シンポジストの方の話を一つ一つ聞いて、炭谷先生の基調講演とまとめを聞いていて、今からは、それこそビジネスも教育も人材育成も、佐賀とか日本、九州という枠組みで考えてはいけない、「すべてグローバルに」ということが確実に進んでいると思いました。

もう一つは、もう古い話ですが、「二一世紀は環境と人権の世紀だ」と言われています。この二つの概念をきちんと持っておかないと、これからの国際社会の中では生きていけない。今日の話を聞いてみると、環境と人権には必ず福祉がしっかりとついていることを改めて私自身が学んだシンポジウムでした。

西九州大学は、これまでも福祉関係の分野で、それこそプロを輩出されています。これから本当にアジアスタンダードを目指して、さらに頑張ってほしいと思います。

○西九州大学健康福祉学部教授―田中豊治

シンポジストの方々、本当にありがとうございました。お蔭様で、私たちが目指すシンポジウムの本来の趣旨に合った形で、いろいろインパクトのあるお話をしていただきました。心より御礼を申し上げます。西九州大学は、これまで七〇年の歴史を踏まえ、かつ四三年間健康福祉分野の人材育成に携わってきて、これからさらに一〇〇年ビジョンという方向で、「アジアの中の西九州大学」という新たなるビジョンに向け、このシンポジウムを契機にして取り組んでいきたい。皆さんのご支援、ご協力をさらにお願いしたい。

最後に、この国際シンポジウムの企画立案運営をしていただきました健康福祉学部学部長、酒井出より感謝と御礼の言葉を申し上げます。

○西九州大学健康福祉学部学部長―酒井　出

今日は、皆さんお忙しいところ、学生さんも市民の方々もわざわざおいでくださいまして本当にありがとうございました。基調講演の炭谷先生、シンポジストの先生方も、お忙しいところありがとうございました。滝口学科長からもありましたが、今、健康福祉学部社会福祉学科では、「国際連携学科構想」に向けた学科改組に取り組み、どうしていこうかいろいろ考えているところです。その中で一つの大きなアイディアが、特に炭谷先生のソーシャルファームとか、韓国の高齢者雇用支援事業とか、私個人としてはその辺りが非常に刺激になりました。これをもちまして、本日のアジア国際シンポジウムをすべて終了させていただきます。皆様、長い時間どうもありがとうございました。

趙　文基（ちょう・むんき）
スンシルサイバー大学高齢者福祉学科学科長

冨永健司（とみなが・けんじ）
社会福祉法人九州キリスト教社会福祉事業団理事長

岩本昌樹（いわもと・まさき）
社会福祉法人くだまつ平成会理事長

滝口　真（たきぐち・まこと）
前掲

富吉賢太郎（とみよし・けんたろう）
佐賀清和学園理事長，前佐賀新聞社専務取締役・編集主幹

酒井　出（さかい・いずる）
前西九州大学健康福祉学部教授・前学部長

古川孝順（ふるかわ・こうじゅん）第10章担当
長野大学社会福祉学部教授，東洋大学名誉教授，西九州大学名誉教授
東京都立大学大学院人文科学研究科修士課程修了，博士（社会福祉学）
『古川孝順社会福祉学著作選集（全７巻）』中央法規，2019

清水浩昭（しみず・ひろあき）第11章担当
日本大学名誉教授
東洋大学社会学研究科社会学専攻博士課程単位取得満期退学，社会学博士
『高齢化社会日本の家族と介護—地域性からの接近—』時潮社，2013年

趙　廷仁（ちょう・じょんいん）第12章分担執筆
西九州大学大学院生活支援科学研究科博士後期課程在学
「高齢者福祉施設におけるレクリエーション支援に関する日韓比較研究」
　（共著）『第32回日本看護福祉学会学術大会抄録集』2019年

炭谷　茂（すみたに・しげる）第13章担当
恩賜財団済生会理事長，元環境省事務次官
東京大学法学部卒業
『社会福祉の原理と課題』社会保険研究所，2004年

【アジア国際シンポジウム】第14章分担執筆
炭谷　茂（すみたに・しげる）
前掲

福岡資麿（ふくおか・たかまろ）
参議院議員

日野稔邦（ひの・としくに）
佐賀県健康福祉部医務課医療支援担当係長

孫　勝強（そん・しょうきょう）第5章担当
中国・前厦門理工学院外国語学院日本語学科学科長
久留米大学院比較文化研究科日本語学科博士課程単位取得満期退学

金　哲（きん・てつ）第6章担当
中国・安徽三聯学院副学長
九州大学大学院法学府博士後期課程修了，法学博士
「東アジア平和の課題」『沖縄から問う東アジア共同体』（共著）花伝社，2019年

石川捷治（いしかわ・しょうじ）第7章担当
久留米大学教授，九州大学名誉教授
九州大学大学院法学研究科博士課程単位取得退学
『スペイン市民戦争とアジア―遥かなる自由と理想のために―』（共著）九州大学出版会，2006年

須藤季夫（すどう・すえお）第8章担当
タイ・タマサート大学政治学部講師，前南山大学総合政策学部教授
ミシガン大学政治学部博士課程修了，政治学博士
『国家の対外行動』東京大学出版会，2007年

Pansek Arthornturasook（パンセク・アトントゥラスク）第9章担当
タイ・ブラパー大学東洋言語学科助教授
Masters in ASEAN Studies, University of Malaya
"Models of Long-stay Tourism at Thailand for the Japanese Elderly: Case study of Sriracha Chonburi province," *Journal of Public Administration and Politics,* 8 (3).（共著）

松本茂幸（まつもと・しげゆき）第1章担当
神埼市市長
東洋大学法学部卒業
「市長の部屋」2014年3月号〜2020年9月号まで「市報かんざき」に毎月連載中

長谷川　照（はせがわ・あきら）第2章担当
元佐賀大学学長
京都大学大学院理学研究科博士後期課程修了，理学博士
“Relativistic many-body theory of finite nuclei and the Schwinger-Dyson Formalism,” *Physical Review*, 43 (2), 1991.（共著）

Trinh Thi Ngoc Lan（ティン・ティ・ゴック・ラン）第3章分担執筆
西九州大学大学院生活支援科学研究科博士後期課程在学
「日越社会における助成リーダー育成の現状と課題」（共著）『九州社会福祉学年報』第10号，2019年

Nguyen Thi Lan Anh（グエン・ティ・ラン・アイン）第3章分担執筆
ベトナム・ハノイ大学日本語学部専任講師
佐賀大学大学院教育学研究科修士課程修了
「グローバル化時代における日本語教育と日本研究」『日越協力の現状―日本語教育を行うハノイの大学を中心に―』（共著）ハノイ国家大学出版社，2018年

張　韓模（ちゃん・はんも）第4章担当
佐賀大学経済学部教授
京都大学大学院経済学研究科博士後期課程修了，博士（経済学）
『世界経済と為替投機』学文社，2012年

著者紹介

【編著者】

田中豊治（たなか・とよじ）はじめに・第3章担当

西九州大学健康福祉学部教授，国際交流センター長

東洋大学大学院社会学研究科社会学専攻博士課程単位取得満期退学，社会学博士

『環境と人間の共創』学文社，2007年

「アイデンティティとアジア・コミュニティ」『アジアコミュニティの多様性と展望―グローカルな地域戦略―』（編著），昭和堂，2008年

滝口　真（たきぐち・まこと）第12章担当

西九州大学健康福祉学部教授，同学部社会福祉学科学科長，同大学院生活支援科学研究科地域生活支援学専攻専攻長

関西学院大学大学院社会学研究科博士課程後期課程社会福祉学専攻単位取得満期退学

『障害者福祉論―障害者に対する支援と障害者自立支援制度―』（編著），法律文化社，2010年

『高齢者虐待を防げ―家庭・施設・地域での取り組み―』（監修），法律文化社，2011年

【著者】（執筆順）

福元裕二（ふくもと・ゆうじ）巻頭言担当

永原学園理事長・前西九州大学学長

九州大学大学院農学研究科修士課程修了，農学博士

「地域交流活動の学習成果と獲得プロセスについて」（共著）『短期大学コンソーシアム九州紀要』2018年3月。

健康福祉人財育成とアジアの地域協力

■発　行――2020年12月10日初版第1刷
■編著者――田中豊治・滝口　真
■発行者――中山元春
■発行所――株式会社芦書房
〒101－0048東京都千代田区神田司町２－５
電話03－3293－0556　FAX03－3293－0557
http://www.ashi.co.jp
■印　刷――モリモト印刷
■製　本――モリモト印刷

ISBN978-4-7556-1314-2 C0036